GEHEIMNISSE DER
KELTEN

LYN WEBSTER WILDE

GEHEIMNISSE DER
KELTEN

Das magische Reich
eines untergegangenen Volkes

⬩ GERSTENBERG

Titel der Originalausgabe
CELTIC INSPIRATIONS

Conceived, created and designed
by Duncan Baird Publishers Ltd.
All Rights reserved
Copyright © Duncan Baird Publishers 2004
Text Copyright © Duncan Baird Publishers 2004
Copyright © der deutschen Übersetzung
2005 Patmos Verlag GmbH & Co. KG, Düsseldorf
Commissioned artwork © Duncan Baird Publishers 2004
For copyright of photographs see page 160,
which is to be regarded as an extension of this copyright

Übersetzung aus dem Englischen: Peter Simon, für Print
Company Verlagsgesellschaft m.b.H., Wien

Copyright für diese Ausgabe
© 2010 Gerstenberg Verlag, Hildesheim
Alle Rechte vorbehalten
Printed in Malaysia

ISBN 978-3-8369-2632-4

www.gerstenberg-verlag.de

INHALT

EINLEITUNG

Ein Kessel verziert mit einem gehörnten Gott, rätselhafte Erzählungen von Gestaltentausch und magischen Tieren, Knoten ohne Anfang und Ende, goldfunkelnde Ringe am Hals grimmiger Krieger, edle Ritter auf der Suche nach dem Gral – das sind die heute verbreiteten Bilder von Kelten. Ihre großen Mythen und Sagen – von König Artus, der Heiligen Brigit, CúChulainn oder Boudicca – verzaubern noch immer. Der Barde Taliesin schöpfte seine Inspiration aus dem Kessel der Göttin Ceritwen: Auch dieses Buch ist eine Art Kessel – kosten Sie von seinem Zaubertrank, und Sie werden darin die Inspiration zur Lösung der Rätsel Ihres Lebens finden.

Vorstellungswelt der Kelten

In unserer modernen Welt verlieren wir leicht die Verbindung zum Ursprung der Kreativität in uns. Der Zwang, unseren Lebensunterhalt zu verdienen, materialistische Versuchungen und Zukunftsangst machen uns engstirnig und ängstlich. Die Kelten laden uns ein zu fließen, zu kreisen, uns auszubreiten und zu erforschen. Sie wussten, dass es neben der gewöhnlichen Welt ein

magisches Reich voller Möglichkeiten gibt, in das jeder eindringen kann, der den rechten Weg kennt. Sie nannten es die Anderwelt (siehe Kasten unten). Dieses Buch liefert Ihnen die Schlüssel zu diesem besonderen Ort. Die Schätze der keltischen Vorstellungskraft findet man verstreut in Kunst, Literatur und Folklore. Viele der Spiralen, Dreifüße (dreibeinigen Motive) und Fantasietiere, die wir oft in keltischen Dekorationen finden, stammen aus Bibel-Illustrationen von Mönchen des siebten und achten Jahrhunderts. Das *Mabinogion* — eine im Mittelalter aufgezeichnete Sammlung walisischer Erzählungen — geht auf eine viel ältere mündliche Überlieferung zurück. Es enthält faszinierendes Material über die

Die Anderwelt

Die keltische Anderwelt ist eine Welt der Fantasie, des Traums und der Trance, in der gewöhnliche Gesetze nicht gelten. Oft wird sie als gesegneter und glücklicher Ort dargestellt, an dem es keine Zeit und kein Leid gibt, nur Schönheit, gute Musik und Freude. Oft erscheint sie als dunkleres, zwielichtigeres Reich, nie aber als schauerliche Hölle oder Ort ewiger Strafe. Man kann aus Zufall hineingeraten oder hineingelockt werden, oft von einer Anderweltfrau. Lassen Sie sich aber keinesfalls auf eine Liebesbeziehung mit Anderweltwesen ein, essen Sie nie deren Speisen — sonst bleiben Sie dort gefangen.

vorchristlichen Götter und frühe Versionen der Arthur-Sagen.

Aus Irland kommt ein reicher Strom von Gedichten und Sagen wie *Die Seefahrt des Bran*, die uns zu einer Anderwelt verzauberter Inseln führt, wo »die Seepferde glitzern«, und der komische *Rinderkampf von Cooles*, der von einem heroischen Kampf zweier Stiere erzählt.

Die mündliche Überlieferung wird von Erzählern wie Alexander Carmichael lebendig gehalten, der in seiner Anthologie *Carmina Gadelica* alte schottische Lieder und Erzählungen vor dem Vergessen bewahrt.

Wer waren die Kelten?

Die Kelten tauchten im ersten Jahrtausend vor Christus in der Geschichte auf, als sie begannen, sich von ihrer Heimat in Mitteleuropa ostwärts Richtung Türkei und Griechenland, im Westen nach Deutschland, Frankreich, Britannien und Irland und im Süden bis Italien und Spanien auszubreiten. Sie waren ein tatkräftiges, kriegerisches Volk, geschickt in Metallverarbeitung und Pferdezucht und begeisterte Händler. Ihr kurvilinearer Stil zierte Waffen und persönliche Schmuckstücke. Reiche Grabfunde in ihren Herkunftsländern Österreich und Schweiz zeigen eine hoch entwickelte Gesellschaft mit engen Beziehungen zur Welt der klassischen Antike.

Um das vierte Jahrhundert vor Christus beherrschten die Kelten

Nordeuropa. Die Römer traten ihrer Expansion entgegen, eroberten Gallien (Frankreich) und Britannien und gründeten dort ihre eigenen Kolonien. Nach Julius Cäsar waren die Kelten ein vitales, kindliches Volk, liebten farbenprächtige Kleidung und tranken viel, waren tapfer und verwegen im Kampf. In gewisser Weise bewunderte er sie, betrachtete sie aber immer noch als Barbaren, deren Kultur seiner eigenen weit unter-

Die keltische Reise

Die keltische Literatur kennt eine Überlieferung von Seefahrergeschichten, den Immrama, in denen der Held verschiedene verzauberte Inseln besucht, jede mit übernatürlichen Bewohnern oder Eigenschaften, eine davon meist von verführerischen Frauen beherrscht. Diese Erzählungen haben oft spirituelle Bedeutung, sind aber auch spannend und unterhaltsam. Sie geben ein Beispiel für die Verknüpfung von zwei oder mehr Bedeutungssträngen in einer einzigen Geschichte, durch die in der Vorstellungswelt der Kelten die Wahrheit verhüllt oder ausgeschmückt wird.

Falle nicht auf ein Bett der Faulheit,
Lass dich nicht von Gift übermannen;
Beginne eine Reise über die klare See,
Und vielleicht erreichst du das Land der Frauen.

(AUS *Die Seefahrt des Bran*)

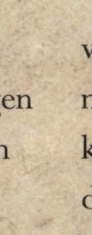

legen war. Die Kelten kämpften erbittert gegen die Römer, wobei sie in einigen Schlachten von der Kriegerkönigin Boudicca angeführt wurden. Bei Anglesey leisteten die Kelten noch heroischen Widerstand, wurden aber schließlich besiegt und mussten die römische Kolonisierung ihres Landes akzeptieren.

Die Römer erwiesen sich aber als großzügige Sieger und respektierten die keltischen Traditionen. (Viele davon überdauerten, bis sie von den Eroberungswellen der Angeln, Sachsen, Jüten und Wikinger brutal unterdrückt wurden.) Einige keltische Stämme gingen in der Kultur der Eroberer auf, einige flohen nach Westen, nach Wales und Cornwall. Irland

wurde nie von den Römern eingenommen, die keltische Kultur konnte sich dort also bis zum Einfall der Wikinger Ende des achten Jahrhunderts erhalten. Die frühe irische Literatur ist daher eine der bedeutendsten Quellen über die Kelten.

Heute leben ihre Nachkommen auf der ganzen Erde, besonders in Nordamerika, Australien und Neuseeland. Manchmal ist ihre Kultur erstaunlich rein erhalten: In Neuschottland (Kanada) gibt es gälisch, in Argentinien walisisch sprechende Gemeinden. Keltische Kunst und Musik erleben eine spektakuläre Renaissance, da man zu verstehen beginnt, dass sie lebendiger Teil der ursprünglichen europäischen Tradition sind – so reich wie die der amerikanischen Ureinwohner oder der Aborigines in Australien.

Spiritualität der Kelten

Lange bevor die Kelten Westeuropa eroberten, verewigte eine ältere Bevölkerung ihr Wissen über Sonne, Mond und Sterne in Monumenten wie Stonehenge in England, Newgrange in Irland und dem Ring von Brodgar auf den Orkneys (Schottland). Die Kelten konnten also aus diesem Kenntnisschatz schöpfen und ihr eigenes Wissen hinzufügen. Barden und Druiden setzten diese Tradition fort, und die Steinkreise wurden in keltische Sagen und Zeremonien einbezogen.

Frühe Schriften zeigen, dass zumindest an der Westküste die keltischen Götter und Göttinnen in verschiedene Familien unterteilt waren, etwa die »Kinder der Dôn«, in Irland »Tuatha Dé Danaan« genannt, und die »Kinder des Llyr«. Viele keltische Sagen erzählen von diesen Göttern: Dôn, in Irland Danu, ist die große Muttergöttin, die ihren Namen vielen europäischen Flüssen wie Dnjepr oder Don gibt; das magische Kind Lleu oder Lugh wächst zum Sonnenhelden heran; Manannan mac Llyr, der Meeresgott, entspricht dem griechischen Poseidon (nach ihm ist die Isle of Man benannt); die Burg von Arianrhod, der strahlend jungfräulichen Göttin, ist als Corona Borealis inmitten der Sterne zu sehen; Bran der Selige, der große König, opfert seinen Kopf, um sein Land zu retten; und Morgan oder Morrigan, die dunkle Göttin, sucht in Gestalt eines schwarzen Raben die Schlachtfelder heim, um die Seelen der Toten ein-

zusammeln. Diese Götter findet man mit geringen Abweichungen und unter verschiedenen Namen in der ganzen keltischen Welt. Als die Römer kamen, verschmolzen ihre Götter oft mit den keltischen, und die Namen änderten sich.

Mit dem Aufkommen des Christentums konvertierten viele druidische Zauberer zum neuen Glauben. Gleichzeitig wandelten sich viele der alten Götter zu Heiligen. So wurde die dreifache Göttin Brigit zur Heiligen Brigit. Die neue Religion mit ihrer Betonung der Liebe und der persönlichen Erlösung sprach den keltischen Geist besonders an, und es entstand ein goldenes Zeitalter des keltischen Christentums: Große Männer wie Columban

gründeten Klöster, das bedeutendste auf Iona, und reich illustrierte Bibeln wie jene von Lindisfarne und Kells entstanden.

Die wahre keltische Spiritualität ist weder heidnisch noch christlich, sondern sie überschreitet diese Kategorien. Sie beruht auf tiefer Verbundenheit mit der Natur, hartnäckiger intellektueller Neugier und einem Sinn der Kameradschaft mit allen Geschöpfen. Die Arthur-Legenden, die keltischen Ursprungs sind, verknüpfen diese Elemente in der weltberühmten Geschichte von Arthur und Ginevra und ihrem Hof in Camelot. Ihre unglückliche Liebe, das Entstehen des Ödlands und die Suche nach dem Gral, der Neuerschaffung und Hoffnung bringt, sind ganz wesentlich keltische Themen.

DIE KELTISCHE SCHATZTRUHE

Das Erbe der Kelten birgt einen Schatz mystischer Techniken und Überlieferungen, die auch heute noch erkundet werden können. Es war – und ist – eine zutiefst magische Kultur, die Männer und Frauen als kreative Wesen ansieht, die mit den fünf göttlichen Kräften arbeiten, und nicht als passive Objekte, die nur tun, was ihnen befohlen wird. Die Zukunft sehen, durch Wahrsagung Verlorenes finden, guten Zauber aussprechen und Träume deuten: All dies gehörte zum täglichen Leben. Manchmal geriet die alte druidische Magie in Widerspruch zum christlichen Glauben, aber es gibt auch Fälle, in denen die Christen Anleihen bei der alten Magie nahmen, um ihre Lehre zu bekräftigen.

JENSEITS DES SICHTBAREN

Für die Kelten war die sichtbare Welt durchdrungen von einer unsichtbaren »Anderwelt« elementarer Wesen und Götter. Berge und Hügel waren Wohnsitz des Himmelsgottes und ihm unter verschiedenen Namen geweiht: Lleu, Bel und später St. Michael. Bäume verbanden die obere mit der unteren Welt, Flüsse wurden oft nach Göttinnen benannt, wie Don und Verbeia, die den Menschen das Wasser des Lebens brachten.

Die Landschaft fühlen

Die Kelten fühlten die Gegenwart ihrer Götter überall – im Nebel, der über einem Tal hing, in Bäumen, die im Wind ächzten, im Regen, der eine Wiese in einen See verwandelte.

Landschaft und Wetter waren der Stoff ihres Lebens, und wetterkundig zu sein war überlebensnotwendig. Das mag der Grund für das Interesse der Kelten am Übernatürlichen sein: Das Betonen der physischen Sinne weckt auch die feinen Antennen des Geistes.

Wenn Sie wissen wollen, was hinter dem Sichtbaren liegt, sollten Sie sich zuerst auf die physische Welt einstimmen. Gehen Sie hinaus, auch in Kälte und Nässe. Schauen Sie. Halten Sie inne und hören Sie hin. Beobachten Sie Ihre Empfindungen. Vielleicht hat die Anderwelt schon ihre Tore geöffnet.

ZAUBER UND BESCHWÖRUNGEN

In ihrer harten und gefährlichen Welt brauchten die Kelten eine angstfreie und hoffnungsvolle Perspektive. So wie moderne Affirmationen waren Zaubersprüche und Beschwörungen Mittel zum Herbeiführen positiver Haltungen. Die folgende Formel stammt aus den *Carmina Gadelica*, einer Sammlung schottischer Lieder, Gebete und Verse, in der sich christliche und heidnische Elemente verbinden.

Ich werde nicht getötet werden,
Ich werde nicht beraubt werden,
Ich werde nicht in die Zelle gesteckt,
Ich werde nicht verwundet werden,
Noch wird Christus mich dem Vergessen
  überlassen,
Feuer, Sonne, Mond verbrennen mich nicht,

Wasser, Seen und Meer werden mich nicht
  ertränken,
Der Pfeil einer Fee wird mich nicht
  verwunden,
Unter dem Schutz der Heiligen Maria,
Meiner sanften Pflegemutter,
Meiner geliebten Bride.

In dieser schönen Schutzbeschwörung kann man eine typisch keltische Note hören: Es gibt kein Flehen, kein Gebet, nur ein heiteres Vertrauen in die Macht der Jungfrau Maria und Brides, der schottischen Bezeichnung für St. Brigit, die die Gälen »Pflegemutter Christi« nannten.

Ein Schutzzauber

Sprechen Sie einen kurzen Zauber, bevor Sie sich in eine bedrohliche Situation begeben, verwenden Sie Ihre eigenen Worte und passen Sie sie den Umständen an. Achten Sie darauf, dass es sich um positive Aussagen handelt, nicht um negative, wiederholen Sie sie möglichst oft, wenn nötig bei jedem Atemzug, denn Zaubersprüche gewinnen durch Wiederholung an Macht. Ihre Stimmung wird heiterer, auch die schwierigste Situation erträglicher. Hier ein Beispiel:

Wenn ich diesen Ort des Heils betrete, um
meine Mutter zu besuchen,
Weiß ich, dass sie und ich beschützt sind
Von Engeln, und was auch geschieht,
Alles wird gut werden und sie werden da sein
Uns zu halten und uns zu verbinden
Mit den Mächten des Heils und des Friedens.

. . . .

Seherische Zaubersprüche

Der Kinderreim über die Elstern »Eine für Leid, zwei für Freud'« ist ein Überbleibsel der alten keltischen Sehertradition, in Schottland *frith* genannt. Viele Techniken hatten mit der Beobachtung des Vogelflugs zu tun, oft indem man die Fäuste ballte, sie vor die Augen hielt und zwischen ihnen hindurchblickte. Es gibt eine gälische Sage, in der Maria Weissagungen verwendet, um den Knaben Jesus zu finden, den sie im Tempel verloren hat. Dies half den Kelten, heidnische Wahrsagerei mit ihrem christlichen Glauben zu versöhnen.

Zauber zum Wiederfinden

Sie brauchen dazu eine kleine Sammlung verschiedener selbst gefundener Federn. Setzten Sie sich an einen Tisch, machen Sie etwas Platz und nehmen Sie die Federn in die Hand. Lassen Sie in Ihrem Geist ein Bild des verlorenen Gegenstandes erstehen. Schließen Sie die Augen, lassen Sie Ihren Geist sich mit den Vögeln, deren Federn Sie halten, in den Himmel erheben. Lassen Sie die Augen geschlossen, streichen Sie über die Federn und legen Sie sie in dem Muster auf, das sich richtig anfühlt. Öffnen Sie die Augen, das Muster wird Ihnen zeigen, wo Sie suchen müssen. Viel Glück!

DIE WEISHEIT DES SCHWERTS

Schwerter waren für die Kelten nicht nur Waffen, sie hatten auch eine tiefe symbolische und magische Bedeutung. Der Barde Amergin sagte: »Ich bin die Spitze einer Waffe«, und meinte, dass die durchdringende Macht der Wahrheit in seinen Worten lag. Das Schwert Nuadus, einer der vier »magischen Schätze«, die von den Tuatha Dé Danaan, den »Kindern der Göttin Danu«, nach Irland gebracht worden waren, fügte unheilbare Wunden zu. Paradoxerweise konnte ein Schwert, das von einem edlen Krieger oder weisen König geführt wurde, das Land heilen. Arthur schützte sein Reich mit dem Schwert Excalibur vor bösen, zerstörerischen Kräften. Das Schwert kann als Symbol einer jeden rettenden Handlung gelten.

Das Schwert der Entscheidung

Die zwei Seiten eines Schwerts sind ein Symbol für die Seiten eines Streits, die Spitze ist die klare Entscheidung, die Spannung löst und Energie zurückbringt. Die Schneide eines Schwerts kann helfen, Verbindungen abzuschneiden, die uns festhalten oder unsere Energie ableiten.

1 Um Ihre Verbindung zu jemandem zu lösen oder mit Altem zu brechen und für Neues frei zu sein, nehmen Sie ein langes Messer oder Schwert und reinigen es.

2 Stellen Sie sich an einen freien Ort, halten Sie Messer oder Schwert bereit. Denken Sie an das, was Sie mit dem anderen oder Alten verbindet. Versuchen Sie die Verbindung in Ihrem Körper und Ihrem Geist zu fühlen. Wenn Sie mit einer Person brechen, danken Sie ihr für alles, was sie Ihnen gegeben und Sie gelehrt hat.

3 Schneiden Sie die Verbindung mit einem Schlag des Messers oder Schwerts ab. Vielleicht müssen Sie die Übung drei Mal ausführen, um den Bruch zu vollenden.

RÄTSEL

Oer Barde Taliesin kleidete seine mystischen Einsichten in rätselhafte Verse, die auf eine Wirklichkeit hindeuten, die für den normalen Verstand zu groß und nicht zu greifen war. Er konnte nicht direkt sagen, was er meinte, er musste die Fantasie seiner Zuhörer ausweiten, um sie zur Wahrheit zu führen. Es war ja Aufgabe des Barden, geheimes oder heiliges Wissen in Verse zu kleiden.

Ein elementares Rätsel

Können Sie das »starke Geschöpf« in Taliesins Rätsel erkennen?

Entdecke, was
Das starke Geschöpf vor der Flut ist,
Ohne Fleisch und ohne Bein,
Ohne Venen, ohne Blut,
Ohne Kopf, ohne Fuß,
Es wird nicht älter noch jünger sein
als am Anfang.

Das Rätsel des Kessels

Versuchen Sie die oft von Druidenschülern gestellte Frage zu beantworten: »Welche zwei Wörter werden von dem Kessel nie gesprochen?« (Hinweis: Der Kessel enthält das sich immer bewegende Wasser des Lebens.)

Solche Rätsel sind wie Zen-Koans (Paradoxe) – der Schlüssel liegt im Nachdenken, auch wenn man nicht zur »richtigen« Antwort kommt.

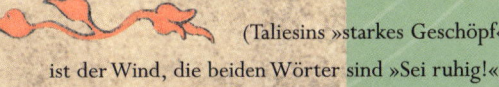

(Taliesins »starkes Geschöpf«
ist der Wind, die beiden Wörter sind »Sei ruhig!«)

HELLSEHEN

Bei den Kelten gab es immer »hellseherische« Menschen, die »das Gesicht« hatten. In alter Zeit dachte man, dass sie mit Feen verkehrten, die ihnen diese Gabe verliehen. Hellsehen entspringt einer Weltsicht, in der alles zusammenhängt, in der Grenzen zwischen Personen, zwischen Vergangenheit und Zukunft zu verschwimmen scheinen. Wurde diese Gabe missbraucht, sprach man von Hexerei, wurde sie aber weise verwendet, war sie sehr angesehen.

St. Columban von Iona gehörte zu denen, die das Gesicht hatten. Einmal sandte er einen Engel, um einen Mönch aufzufangen, den er vor seinem geistigen Auge von einem Turm fallen sah.

Aus das *Leben des Heiligen Columban* von Adamnan

»Es gibt einige wenige, die durch göttliche Gnade befähigt sind, den gesamten Erdkreis ganz klar und deutlich zu sehen und in ihrer wundersam erweiterten geistigen Kapazität die äußersten Grenzen des Himmels und der Erde zugleich erfassen, als ob diese von einem einzigen Sonnenstrahl erhellt wären.«

Die Reise ins Zentrum

Um zu klarem Geist zu kommen und Ihre hellseherischen Fähigkeiten zu entwickeln, betrachten Sie diese klassischen keltischen Spiralen des Steins von Aberlemno in Schottland.

Sehen Sie, wie vom Ursprung im Zentrum einmal drei, das andere Mal vier spiralförmige Stränge sich zu einem Muster verbinden.

Betrachten Sie die Spiralen als keltische Meditationsmandalas. Ihre wunderbar fließende Symmetrie beruhigt den Geist und führt ihn zu dem einfachen, ruhigen Ort, an dem Hellsehen geschehen kann.

EINFÜHLSAMKEIT

Die heilige Brigit besaß großes Einfühlungsvermögen. Eine Frau bat sie, ihre stumme Tochter zu heilen. Brigit fragte das Mädchen, ob sie heiraten oder Nonne werden wollte. »Sie wird dir nicht antworten,« unterbrach sie die Mutter, aber Brigit nahm das Mädchen bei der Hand und sagte, sie würde nicht aufgeben, bevor sie eine Antwort hätte. »Ich will nichts außer dem, was du willst«, platzte das Mädchen heraus, das nie zuvor ein Wort gesprochen hatte. Brigit fühlte, dass sie die Kontrolle der Mutter über das Mädchen brechen und in direkte Verbindung zu ihm treten musste.

Sich auf andere einstellen
Wir alle sind zu Mitgefühl fähig. Lernen Sie mit dieser Übung zu empfinden, wie andere fühlen.

1 Bitten Sie den anderen zu schweigen und setzten Sie sich ihm gegenüber, atmen Sie in seinem Rhythmus. Beobachten Sie seine

Haltung und spiegeln Sie diese mit Ihrer eigenen wider. Beobachten Sie, was Sie dabei empfinden.

2 Sie können dann in der Lage sein, dem anderen eine Frage zu stellen, durch die sich seine wahren Gefühle zeigen können. Schauen Sie ihm dabei in die Augen.

TRAUM UND WIRKLICHKEIT

Träume waren für die Kelten ein magisches Abbild der Wirklichkeit, ein natürlicher Weg in die Anderwelt. In der irischen Sage *Der Traum des Angus* träumt dieser von einem Mädchen, das an sein Bett tritt und Musik spielt. Er verliebt sich, und als er sie nach einer langen, magischen Reise findet, wird sein Traum Wirklichkeit.

Im Traum in die Anderwelt

Wir können wie Angus den Traum als Brücke zur Anderwelt verwenden.

Versuchen Sie, ein Traumerlebnis als Zeichnung oder Bild zu rekonstruieren und so eine Verbindung zu Ihrem Unbewussten zu öffnen.

Endet ein Traum schlecht, so bleiben Sie in wachem Dämmerzustand im Bett, spielen Sie ihn mit positivem Ausgang nochmals durch. Sie können aber das Ergebnis und den Weg in die Anderwelt nicht erzwingen.

Erleben Sie im Traum starke Gefühle wie Freude, Freiheit, erotisches Vergnügen, so suchen Sie nach Wegen, diese auch im Wachzustand zu erfahren. Träume verraten oft verborgene Möglichkeiten, die verstärkt werden müssen, um Realität zu werden.

Willkommener Eindringling

Nachts lassen wir unsere Schilde
Und Schleier fallen.
Manannan, Gott des Meeres und der Träume,
Spricht in seiner geheimen Sprache.

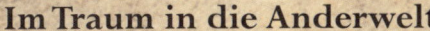

HERBEIFÜHREN VON TRÄUMEN

Alte Sagen weisen auf eine heute verloren gegangene Tradition der Kelten hin, Träume herbeizuführen. In einer irischen Erzählung will ein Mann davon träumen, wer der nächste König wird. Er bereitet sich durch Verzehr des Fleisches und das Trinken der Brühe eines heiligen Stiers darauf vor. Während er schläft, wird ein eigener Wahrheitszauber gesungen.

In der schottischen Version dieses Brauchs, der bis in das siebzehnte Jahrhundert bestand, hüllt sich der Träumende in das Fell eines frisch erlegten Hirschs, legt sich ins Freie und fastet zwei oder drei Nächte lang, bis der gewünschte Traum kommt.

Solch blutige Bräuche kommen heute nicht mehr vor, aber das Prinzip des Herbeiführens bestimmter Träume kann immer noch angewandt werden.

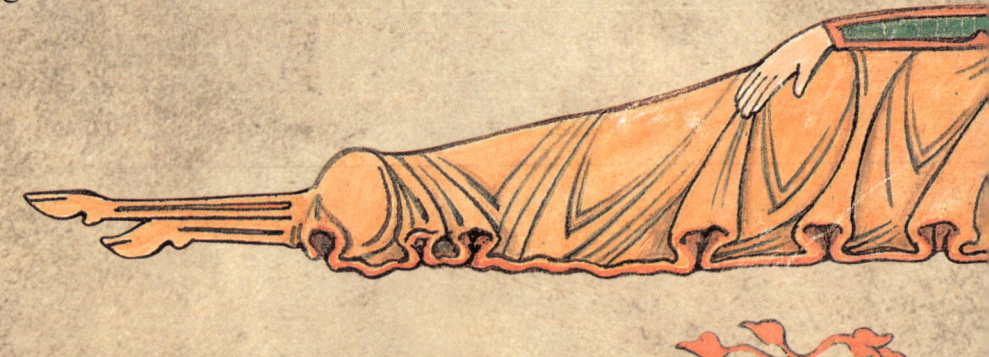

Besondere Träume erbitten

Um Inspirationen aus Ihrem Unbewussten zu erlangen, befolgen Sie diese Schritte jede Nacht, bis der besondere Traum erscheint.

1 Meiden Sie abends Alkohol und schwere Kost. Achten Sie darauf, dass Ihr Schlafraum ruhig, sauber und aufgeräumt ist, legen Sie Papier und Stift bereit.

2 Wiederholen Sie beim Schlafengehen mehrmals: »Heute Nacht möchte ich von … träumen.«

3 Schreiben Sie, sobald Sie aufwachen, alle Bilder und Gedanken auf, die Ihnen einfallen, auch wenn Sie nicht sicher sind, ob Sie diese geträumt haben.

INNERE REISEN

Wenn in einem schottischen Fischerdorf ein Boot verloren ging und Fischer ertranken, war es für die Familien wichtig zu wissen, wo ihre Lieben ruhten. Es gab einen Weg, das herauszufinden. Die Familien suchten eine körperlich und geistig gesunde Jungfrau, die sich hinlegen und einschlafen sollte. Ihr Geist verließ ihren Körper, um nach dem Schiff zu suchen. Wenn sie aufwachte, gab sie einen Bericht über das, was dem Schiff und der Mannschaft zugestoßen war. Diese innere Reise war genauso gefährlich wie eine Seereise, denn wenn sich der Wind drehte, während die Frau außerhalb ihres Körpers war, konnte sie ihren Verstand verlieren.

Aus der Ferne einstimmen
Wenn Sie sich über Freunde oder Familienmitglieder Sorgen machen, die weit weg und von Krankheit, Gefahr oder anderem Unheil bedroht sind, können Sie eine ungefährdete innere Reise machen, um sie zu unterstützen und zu ermutigen.

1 Stellen Sie sich vor, dass Sie der Person, der Sie helfen wollen, gegenübersitzen.

2 Schauen Sie in ihre Augen und sagen Sie Schutzworte. Nehmen Sie Ihre eigenen Worte oder rezitieren Sie einen der folgenden keltischen Sprüche.

Die Drei seien über deinem Haupt.
Die Drei seien über deiner Brust.
Die Drei seien über deinem Leib.
Jede Nacht und jeden Tag,
In der Vereinigung der Drei,
Dein ganzes Leben lang.

(AUS DEN Carmina Gadelica)

Der Schild Sankt Michaels sei über dir,
Des Königs der strahlenden Engel,
Dich zu beschützen und zu bewachen
Vom Scheitel bis zur Sohle.

(AUS DEN Carmina Gadelica)

Möge der Herr dich segnen.
Möge unsere liebe Frau dich halten.
Mögen die Engel
Dich beschützen.

(MODERNER KELTISCHER SEGEN)

WANDERUNGEN

Im Wald wandern wir verloren und verwirrt, wir suchen unseren Weg oder wenigstens einen Hinweis darauf. Auf der *Suche nach dem Heiligen Gral* begeben sich Arthurs Ritter in den dichten Wald von Broceliande, sie treffen auf dunkle, todbringende Widersacher, verführerische, verräterische Mädchen, ungeheure Drachen – auf all die verborgenen Kräfte des Unbewussten. Schließlich finden sie im Wald, wonach sie suchen, aber erst, nachdem sie durch Schmerz und Leid geläutert wurden. Wir müssen uns scheinbar verlieren, um uns selbst zu finden, aber wir haben Angst davor. Erst wenn wir gedemütigt und erschöpft sind – vielleicht wenn wir schon aufgegeben haben – sind wir bereit, in die Gralskapelle zu taumeln.

Verliere dich, um dich zu finden

Unsere wichtigsten Reisen sind die, die, physisch gesprochen, nirgendwo hinführen.

1 Gehen Sie in einer Ihnen wohlbekannten Gegend spazieren, folgen Sie aber nicht dem üblichen Weg – nehmen Sie Pfade, die Sie sonst ignorieren. Setzen Sie sich kein Ziel und keine Frist. Verlieren Sie sich, wandern Sie, forschen Sie.

2 Lassen Sie das Unvorhergesehene geschehen. Setzen Sie sich in ein neues Café, erforschen Sie einen Park. Beobachten Sie die Menschen um sich herum. Nehmen Sie die Umgebung mit allen Sinnen auf. Folgen Sie Hinweisen. Sie führen vielleicht zu Büchern, Personen oder Orten, die Ihr Leben entscheidend verändern.

DUNKELHEIT UND LICHT

In der mysteriösen Sage *Die Reise des Maelduin* aus dem achten Jahrhundert kommt eine Gruppe von Seeleuten auf eine ungewöhnliche Insel. Sie ist durch einen Zaun geteilt. Auf der einen Seite sind weiße Schafe, auf der anderen schwarze. Wenn der Hirte ein schwarzes Schaf in die weiße Hälfte wirft, wird es weiß, ein weißes Schaf in der schwarzen Hälfte wird schwarz. Die Kelten wussten, dass »Schwarz-Weiß-Denken« nichts hilft, und dass viele scheinbar negative Situationen auch positiv gesehen werden können. Die Lösung ist, sich nicht in extremen Standpunkten zu verschanzen.

Eine Lücke in den Wolken

Wir neigen dazu, bei der Lösung eines Problems in Extremen zu denken – wir glauben, etwas Drastisches oder Schwieriges tun zu müssen, um einen toten Punkt zu überwinden. Aber oft liegt die wirklich gute Lösung in einem Mittelweg, was nicht dasselbe wie ein Kompromiss ist.

Wenn Sie also Ihre Vorgehensweise überlegen, sollten Sie nach derjenigen scheinbar unbedeutenden Änderung Ihrer Denkweise suchen, die das Gleichgewicht verschiebt. Wenn Sie die richtige Idee haben, werden Sie es wissen, denn sie wird mit einem Seufzer der Erleichterung und des Erkennens einhergehen.

BARDEN, DRUIDEN UND SEHER

Die keltische Gesellschaft empfand großen Respekt für die, die hinter das Sichtbare schauen konnten und ihre speziellen Kräfte zum Nutzen anderer einsetzten. Diese Weisen und Begnadeten hatten oft öffentliche Rollen als Druidenpriester, Gesetzgeber und Barden, die die Geschichte ihres Clans lebendig hielten – oder sie waren einfachere »kluge« Männer und Frauen, die ihr natürliches Wissen über Gesundheit, Geburt oder Landwirtschaft in die Tat umsetzten. Viele dieser Fähigkeiten gehen auf mysteriöse Praktiken alter Zeiten zurück, als Schamanen in die Anderwelt gereist sein sollen, um den Menschen Heil zu bringen.

BESONDERE KRÄFTE

ODruiden waren nicht nur Priester, sondern auch hoch gebildete Philosophen, Magier, Gesetzgeber, Astrologen und Astronomen. Barden und Dichter-Seher waren ebenfalls gut ausgebildet. Barden mussten die vergangenen Taten ihres Stamms rezitieren, das Publikum mit alten Geschichten bezaubern und rätselhafte Verse mit dunklen Inhalten erfinden. Seher hatten eine unheimliche Begabung, sie konnten die Doppelgänger oder »Geister« Lebender sehen, was als Zeichen für deren baldigen Tod galt.

Druiden und Bäume

Das Wort »Druide« dürfte von den alten keltischen Wörtern für Eiche (»duir«) und Wissen (»wid«) stammen. Die Eiche galt als das wichtigste Tor zu sakralem Wissen. Auch Cäsar stellte einen Zusammenhang mit Bäumen fest, als er beobachtete, dass sich Druiden meist in Wäldern trafen. Um prophetische Visionen herbeizuführen, schliefen sie auf »Flechtwerken des Wissens«, Plattformen oder Käfigen aus Eberesche (der heilige Baum der dreifachen Göttin Brigit bot Schutz gegen Zauber) oder Hasel, deren Nüsse den Lachs des Wissens nährten (siehe S. 44).

Julius Cäsar über die Druiden

Vieles, was wir heute über die frühen Kelten wissen, verdanken wir den klassischen griechischen und römischen Schriftstellern, darunter den Historikern Plinius und Strabon sowie besonders dem großen Heerführer Julius Cäsar. Cäsar führte genau Buch über seine Eroberung Galliens (das heutige Frankreich). Während seines Kriegszugs beobachtete er die Druiden mit eigenen Augen:

»Sie befassen sich mit religiösen Angelegenheiten, führen Opfer durch … und deuten Vorzeichen. Die Jungen werden von ihnen erzogen, und sie stehen in hohem Ansehen … Sie diskutieren über den Himmel, die Bewegungen der Sterne, die Größe des Universums und der Erde, die Vorgänge der Natur und die Taten der unsterblichen Götter.«

WIE MAN SEHER WIRD

Die Gabe des »Sehens« wurde von den Kelten hoch geschätzt. Sie konnte aber dem, der sie besaß, großen Kummer bereiten – besonders, wenn er oder sie den Tod eines Nahestehenden vorhersah. Andererseits konnte der Seher aber auch Katastrophen abwenden, wenn er eine Gefahr vorausahnte.

Der berühmteste Seher der irischen Mythologie war Finn, was »Weiser« oder »Wissender« bedeutet. Er soll seine besondere Fähigkeit erlangt haben, als er einen Lachs zubereitete. Er verbrannte sich dabei den Finger und steckte ihn in den Mund, und sofort wusste er alles von der Welt, denn der Lachs war der Lachs des Wissens, der neun Haselnüsse vom Baum der Weisheit gegessen hatte, der in der Anderwelt über einem magischen Teich hing.

Eine andere Sichtweise

Wenn du dich umdrehst,
Ist es immer hinter dir.
Aber mit der Hinterseite deines Kopfs
Kannst du es deutlich sehen.

Verborgenes Wissen finden

Wenn Sie sich mit einem Problem herumschlagen, können Sie mit dieser alten keltischen Seher-Technik einen ganz neuen Zugang probieren.

1 Sammeln Sie Dinge in der Natur, die Sie ansprechen: Steine, Zweige, Blätter, Federn, Kristalle. Geben Sie sie in einen Sack, ziehen Sie eines heraus, während Sie an die Frage denken, auf die Sie Antworten suchen. Das repräsentiert Ihre Antwort.

2 Die Bedeutung wird nicht sofort klar, suchen Sie aber nicht nach einer rationalen Analyse. Tragen Sie den Gegenstand bei sich, betrachten Sie ihn möglichst oft. Die Antwort kommt, wenn Sie sie am wenigsten erwarten.

WIE MAN BARDE WIRD

Die Ausbildung zum Barden oder *file* (einem irischen Dichter-Seher) war lang und hart: Man musste stundenlang in einer dunklen Hütte liegen oder in kaltem Wasser sitzen, um Inspiration auszulösen. Ein Dichter brauchte natürlich Talent, bevor er ausgebildet werden konnte. Es gibt viele Erzählungen von dem einen, der seine Gabe von einer Frau der Anderwelt erhielt, etwa in der schottischen Grenzlandballade über Thomas den Reimer:

Dann kamen sie zu einem Garten grün,
Und sie nahm einen Apfel vom Baum:
»Nimm ihn als deinen Lohn, wahrer Thomas;
Er wird dir die Zunge geben, die niemals lügen kann.«

Die Elfenkönigin selbst weiht Thomas ein und verleiht ihm die Gabe unfehlbarer Wahrhaftigkeit. Er ist nicht sicher, ob er das will, denn er begreift, wie peinlich das beim Flirt mit einem Mädchen oder beim Feilschen am Markt sein würde, aber sie besteht darauf. Jede große Gabe hat ihren Preis.

Der kreative Funke

Wir alle haben großes kreatives Potenzial. Diese Bardenübung hilft Ihnen, den Funken zu entzünden.

1 Begeben Sie sich in einen völlig abgedunkelten und ruhigen Raum. Sitzen oder liegen Sie bequem in eine Decke gehüllt, warten Sie bis Mitternacht.

2 Halten Sie Ihre Augen geöffnet, bis Sie gegen Ihren Schlaf ankämpfen müssen. In diesem Zustand zwischen Schlafen und Wachen sind Sie offen für ganz neue Ideen.

3 Stehen Sie auf und schreiben Sie diese Gedanken direkt auf (auch wenn sie sehr seltsam erscheinen) – sonst werden Sie sie vergessen. Dies kann die Saat zu etwas ganz Wunderbarem sein.

BLICK IN DIE ANDERWELT

In einer alten walisischen Erzählung ist Pwyll, der Prinz von Dyfed, mit seinen Hunden auf der Jagd und trifft auf ein anderes, sehr unheimliches Hunderudel, das einen Hirsch erlegt. »… ihr Fell war glänzend weiß, ihre Ohren rot, und so wie das Weiß ihrer Leiber glänzte, so leuchtete das Rot ihrer Ohren.« Dann erscheint der Besitzer der Hunde, und es ist niemand anderer als Arawn, König der Anderwelt, der Pwyll überredet, für ein Jahr mit ihm den Platz zu tauschen. Während Pwyll in der Anderwelt ist, gewinnt er die schöne Rhiannon zur Frau.

Berührung mit der Anderwelt

Es gibt viele Zeichen, wenn ein Eingang zur Anderwelt in der Nähe ist – die Zeit verzerrt sich oder ein Tier mit strahlenden Augen blickt Sie an und fordert Sie auf, ihm zu folgen.

Gehen Sie in der Dämmerung hinaus, langsam und schweigend; bleiben Sie stehen, schauen und hören Sie. Suchen Sie ein Geschöpf – Vogel, Maus, Eichhörnchen, Dachs oder sogar Mensch –, das Sie in die Anderwelt führt. Sie werden merken, wenn Sie dort sind: Es herrscht tiefe Stille, die Farben werden intensiver. Es ist ein besonderer, vergänglicher Ort, Sie können dort nicht lange bleiben.

GEFAHREN DER ANDERWELT

Die magische Anderwelt enthält große Schätze und inspiriert ihre Besucher, es kann aber gefährlich sein, zu lange zu verweilen. Im *Mabinogion* werden Rhiannon und ihr Sohn Pryderi gefangen, als ihre Hände an einer goldenen Schale anfrieren, die an Ketten vom Himmel hängt. Sie müssen viel erdulden, bis sie von ihren Freunden gerettet werden. In der schottischen Ballade von Tam Lin wird der Titelheld von seiner wahren Liebe Janet aus dem »Elfenland« befreit, die an ihm festhalten muss, während er sich in verschiedene wilde Kreaturen und gefährliche Dinge wie Löwe, Bär oder eine rot glühende Eisenstange verwandelt. Es braucht Geduld und Erfahrung, um sicher in der Anderwelt zu reisen.

Ein Anderwelttagebuch führen

Wir können nicht lange in den kreativen Bewusstseinszuständen der Anderwelt bleiben und neigen dazu, sie zu vergessen, kaum dass sie vorüber sind. Es ist also eine gute Idee, ein Tagebuch zu führen, in dem wir die Ideen, Dinge und Erfahrungen unserer Besuche in der Anderwelt festhalten.

1 Notieren Sie lebhafte Eindrücke, mystische Erfahrungen, weise Erkenntnisse, Geistesblitze und erschreckende Bilder in Ihrem Anderwelttagebuch. Kümmern Sie sich nicht um Fertigkeit oder Eleganz Ihres Ausdrucks.

2 Fügen Sie alles andere hinzu, was Sie inspiriert, Gedichte, Zitate, Zeitungsausschnitte, Fotos oder Gegenstände aus der Natur.

3 Aktualisieren Sie Ihr Tagebuch regelmäßig. Sein Inhalt wird in Ihr Bewusstsein sickern und Ihren kreativen Projekten Leben einhauchen.

GESTALTWANDEL

Die Vorstellung des Gestaltwandels ist in der keltischen Kultur tief verwurzelt. In dem berühmten *Lied von Amergin* zählt der Titelheld seine vielen mystischen Inkarnationen auf:

> *Ich bin das Tosen des Ozeans,*
> *Ich bin ein mächtiger Ochse,*
> *Ich bin ein Falke auf der Klippe,*
> *Ich bin ein Lachs im Teich,*
> *Ich bin ein See in der Ebene.*

In vielen Geschichten lesen wir von Menschen, die in Tiere verwandelt werden, was auf schamanische Riten vorchristlicher Zeit zurückgehen könnte. In der Erzählung *Math, Sohn des Mathonwy* vergewaltigen zwei Brüder, Gwydion und Gilfaethwy, ein Mädchen vom Hof ihres Onkels. Zur Strafe verwandelt ihr Onkel, ein Zauberer, sie in Wölfe, Schweine und Hirsche und befiehlt ihnen, sich miteinander zu paaren und Nachkommen zu zeugen, bevor sie ihre menschliche Gestalt und Vergebung erlangen.

Finden Sie das Tier in sich

Wenn Sie in entspannter, ausgelassener Stimmung sind, können Sie eine einfache Form des Gestaltwandels versuchen, die Ihnen eine neue Sicht verschiedener Tierarten – oder vielleicht eines bestimmten Tieres wie Ihrer Katze oder

Ihres Hundes – gibt und Ihre Beziehung zu diesem Geschöpf belebt.

1 Studieren Sie das gewählte Tier genau. Ahmen Sie Bewegungen, Laute und Ausdrucksweise nach; übernehmen Sie seinen Rhythmus.

2 Stellen Sie sich vor, die Welt durch die Augen dieses Tiers zu sehen. Wo liegen Gefahren? Was würde es gerade am liebsten tun? Erforschen Sie Ihre Umgebung mit all Ihren Sinnen.

3 Wenn Sie die Gestalt eines zahmen Tiers angenommen haben, spielen Sie zum Abschluss mit ihm, als ob Sie zu seiner Gattung gehörten.

ZEITREISE

O ie Kelten übernahmen neolithische Grabhügel (wie jene in Gavrinis in der Bretagne oder Newgrange in England) und verwendeten sie für ihre eigenen Riten und Zeremonien. Diese »heiligen Hügel« galten als Tore zur Anderwelt. Jeder, der allein eine Nacht auf diesen Hügeln verbracht hatte, konnte zu dem Ort jenseits der Zeit vordringen, an dem seine Ahnen lebten – oder vielleicht auch in das Land seiner zukünftigen Nachkommen.

Der Spiralenweg

Das spiralförmige Schneckenhaus ist das Symbol ungewöhnlicher Langsamkeit – die Zeit vergeht so unmerklich, wie die Landschaft entsteht. Die Spirale (wie beim großen Grabhügel von Newgrange auf der Abbildung gegenüber) stellt auch den geheimnisvollen Übergang in die Anderwelt dar, eine Reise, die in einem Augenblick gemacht werden kann.

Meditieren Sie über die Spirale in diesen widersprüchlichen Bedeutungen. Beide Extreme in der Meditation zu verbinden heißt, der Weisheit einen Schritt näher zu kommen.

Hinter dem Schleier

*Nur ein dünner Schleier trennt die
  Lebenden von den Toten.
In der parallelen Welt der Dunkelheit
  leben die Geister in der Ewigkeit.*

DIE MAGISCHE DREI

Die Kelten dachten, redeten und schrieben in Dreieinigkeit. Dreiteilige Sprüche, die Triaden, enthielten Weisheit und Geschichte der Kelten in einer Form, die die Barden rezitieren und an ihre Nachfolger weitergeben konnten. In Volksmärchen hat der Held oder die Heldin oft drei Wünsche frei; dreifache Göttinnen oder Götter treten in vielen Formen auf; und all dem liegt das magische Geheimnis der Drei zugrunde – es ist die erste Zahl nach der Eins! Denn in dem Augenblick, in dem man Eins und Zwei sieht, hat man Drei, die Beziehung zwischen den beiden. Das ist die geheimnisvolle »dritte Kraft«, die unsichtbar scheint, aber alles entscheidet.

Die drei Glück bringenden Verbergungen Britanniens

»Die erste Glück bringende Verbergung: das Haupt Brans des Seligen, Sohn von Llyr,
begraben im White Hill in London, mit dem Gesicht Richtung Frankreich …
Zweitens die Drachen in Dina Emrys, welche Llud, Sohn von Beli, versteckte;
und drittens die Gebeine von Vortimer dem Seligen in den Haupthäfen der Insel.
Und solange sie dort verborgen waren,
konnte die Insel nicht von den Sachsen erobert werden.«

Bekräftigen der Dreieinigkeit

Man kann die Macht der Drei nutzbar machen, wenn man sich am Beginn jedes Tages drei Vorsätze macht. Das können konkrete Vorhaben für diesen Tag oder allgemeine Ziele und Wünsche sein. Drücken Sie Ihre Vorsätze lieber positiv als negativ aus. Zum Beispiel:

1 Ich stehe jetzt auf und mache einen langen Spaziergang im Wald, bevor ich zur Arbeit gehe.

2 Meine Arbeit macht mir Freude, besonders die langen Sitzungen, bei denen ich beobachten kann, wie Menschen miteinander umgehen.

3 Meine Beziehung wird allmählich immer tiefer und bringt mir große Erfüllung.

DAS WEISE KIND

Die Kelten meinten, dass ein Neugeborenes alles wisse und den Rest seines Lebens damit verbringe zu vergessen. Viele göttliche oder magische Kinder verkörperten diese Ansicht: Dylan, Lleu oder Finn. Das Konzept vom »weisen Kind« stammte vom Glauben der Kelten an Reinkarnation: Kinder sind weise, weil sie die gesammelte Erfahrung ihrer früheren Leben in sich haben.

»Alt ist der Mensch, wenn er geboren wird, und jung für immer danach.«

(TALIESIN)

Von den Jungen lernen

Wir sehen es als unsere Aufgabe den Kindern Wissen zu vermitteln, es gibt aber viel, das sie uns lehren können.

1 Wenn Sie nächstes Mal mit einem kleinen Kind sprechen, dann hören Sie zu, was es zu sagen hat. Statt seine Weltsicht abzutun und als falsches Bild korrigieren zu wollen, sollten Sie sich seiner Neugier und Leichtigkeit hingeben.

2 Lösen Sie Probleme mit Denkweisen eines Kindes. Schließen Sie nicht Lösungen aus, nur weil sie zu naiv oder zu weit hergeholt erscheinen, bevor Sie sie richtig betrachtet haben.

TOD UND WIEDERGEBURT

Oas Kammergrab von Gavrinis (gegenüber) steht auf der einsamen »Insel der Toten« vor der bretonischen Küste. In seine Wände sind Muster eingraviert, die den Archäologen seit Jahrhunderten Rätsel aufgeben. Eine Theorie sagt, dass Teilnehmer von Initiationszeremonien in das Grab eingeschlossen worden seien. In ihrer Angst hätten sie mit den Fingern Spiralen in die Wände geritzt, dann seien sie mit neuem Verständnis für die Realität »wiedergeboren« worden und hätten alle Furcht vor dem Tod verloren. Oft müssen wir uns von Altem trennen, um für Neues bereit zu sein.

Zu neuen Visionen aufbrechen
Wahrscheinlich wollen Sie nicht tagelang in ein Grab eingeschlossen werden, aber ein »Rückzug« aus der Alltagsroutine ist wichtig, wenn Sie Ihr Leben verändern wollen.

Begeben Sie sich für mindestens 24 Stunden – besser länger – an einen neuen Ort. Lassen Sie Ihr Handy zu Hause, meiden Sie Radio und Fernseher. Suchen Sie die Stille. Denken Sie darüber nach, was Sie aufgeben sollten, und stellen Sie sich die ersehnte Zukunft vor.

Wenn Sie dann nach Hause kommen, sieht die Welt anders aus, Sie werden inspiriert und stark für notwendige Veränderungen sein.

Körper, Himmel und Landschaft

Die Kelten hatten ein enges Verhältnis zu ihrem Land. Ihre Landschaft war lebendig. Die Hügel und fruchtbaren Täler waren der Leib der Göttin, große Felserhebungen unter dem Gras die Muskeln des Drachen, rauschende Flüsse die Arterien des Erdriesen. Nachts segelte der Mond, dessen Phasen den Anbau der Feldfrüchte bestimmten, durch veränderliche Konstellationen von Sternen – den Wohnungen der Götter und Göttinnen wie Gwydion, Arianrhod und deren Mutter Dôn. Der gesamte natürliche Kosmos, irdisch wie himmlisch, sprach die gehaltvolle Sprache des Mythos.

DIE MYTHISCHE LANDSCHAFT

Für die Kelten war das Äußere der Spiegel des Inneren, und bestimmte Orte waren stark emotional geladen. Das Meer war der Kessel, der Leben gab und nahm; die Strände waren die Grenze zwischen dieser Welt und der Anderwelt (bzw. zwischen Bewusstem und Unbewusstem); die mythischen Inseln der Seefahrergedichte verkörperten je einen bestimmten Bewusstseinszustand. Hügel und Berge boten leichteren Zugang zur Welt der Himmelsgötter. Und unter der Erde herrschten Feen und Gnome.

Die mächtige Welt der Feen

Die keltische Fee konnte ein gefährliches Geschöpf sein, das Babys stahl und gegen einen kränklichen Wechselbalg austauschte oder das Vieh verhexte. In Irland aber waren die Tuatha Dé Danaan (Kinder der Göttin Danu) große strahlende Wesen mit Zauberkräften, die in einer anderen Dimension in den »heiligen Hügeln« lebten. Und es sind die Feen, welche die Natur erschaffen. Jeder verzauberte Ort wird von den Geistern der Elemente bewohnt, Sie brauchen nur die Augen, sie zu sehen.

ERDENERGIE

Die Kelten richteten ihre Tempel sorgfältig nach den Erdenergien aus. Ein Schrein Manannans, des Herrn der Wasser, wurde nahe einem Fluss errichtet. Bestimmte Orte besaßen bestimmte Kräfte, abhängig von den Felsen unter ihnen, der Art der Vegetation und davon, ob sie bei Hügeln oder Gewässern lagen. Einige Orte haben Heilwirkung, andere geben Kraft, andere verleiten zum Innehalten; manche verbreiten aber auch eine unangenehme und unheimliche Atmosphäre.

Das Wünschelrutengehen

Wünschelrutengehen ist eine alte Methode, feine Ströme der Erdenergie, wie Grundwasser, zu entdecken. Bei einer häufig angewandten Technik hält man eine Astgabel, meist aus Haselnussholz, mit beiden Händen, das einzelne Ende zeigt zum Boden. Wenn man über einen Energiestrom geht, ist eine Reaktion zu spüren, ein Kribbeln in der Hand, ein Zucken des Astes oder ein leichtes Vibrieren.

Man muss dazu ganz entspannt sein. Dehnen Sie vorher die Muskeln und atmen Sie tief durch. Üben Sie auf einer Brücke über einem Bach, und machen Sie sich mit den Gefühlsveränderungen beim Betreten der Brücke vertraut.

DER DRACHE DES LANDES

Der »Drache des Landes« erhebt sich dort, wo natürliche Konturen eine Aura geballter Kraft und Majestät bilden – wo die Landschaft aufsteigt und herumwirbelt wie eine Kreatur, die aus der Erdkruste hervorbricht. Alte Völker verehrten diese Kraft manchmal durch aus den Boden geschnittene Figuren oder durch den Bau spiralförmiger Terrassen und Wälle. Beim Weißen Pferd von Uffington in Oxfordshire gab es alljährlich einen Lauf um die Umrisse des Pferdes und einen Käse-Roll-Wettbewerb – zwei Arten, die große Bedeutung dieses Drachenortes hervorzuheben.

Die Macht des Drachen nutzen
Dort, wo die Landschaftsformen Sie an eine mächtige Bestie erinnern, können Sie mit dieser Methode deren Kraft aufnehmen.

1 Gehen Sie über die Stelle, fühlen Sie die Energie in Ihrem Körper zu Bauch, Herz und Kopf aufsteigen.

Machen Sie Ihren Körper zum Organ der Aufnahme der Drachenmacht.

2 Tanzen Sie den Drachentanz: Stampfen Sie im Uhrzeigersinn um das Kraftzentrum. Danach werden Sie sich energiegeladen fühlen, da Sie eine enge Verbindung mit dem Drachen des Landes hatten.

BAUMWEISHEIT

Die keltische Landschaft war viel stärker bewaldet als heute, es ist daher nicht überraschend, dass in der keltischen Kultur Bäume wichtig waren. Das erste keltische Alphabet war Ogham, ein System von Kerben an einer horizontalen Linie, in dem jeder Buchstabe mit einem Baum assoziiert war. Die ersten drei Lettern waren Beith (Birke), Luis (Eberesche) und Nuin (Esche).

Dem Holz jedes Baums wurde ein praktischer, medizinischer und symbolischer Wert zugeschrieben. Die schlanke, elegante Birke, aus deren silberfarbener Rinde man Schuhe, Körbe und Boote herstellte, wurde als weiblicher Baum mit der »Herrin der Wälder« assoziiert und für die Behandlung von Rheumatismus sowie für Fruchtbarkeitszauber verwendet. Die auf Friedhöfen wachsende Eibe war mit Tod und Wiedergeburt verbunden, man machte Langbogen aus ihr. Da sie giftig ist, wurde sie nicht medizinisch verwendet.

Wähle die Weide der Flüsse,
Wähle die Hasel der Felsen,
Wähle die Erle der Moore,
Wähle die Birke der Wasserfälle.

Wähle die Esche des Schattens,
Wähle die Eibe der Spannkraft,
Wähle die Ulme der Hügel,
Wähle die Eiche der Sonne.

(AUS DEN *Carmina Gadelica*)

Machen Sie einen Stab

Ein Stab dient als fassbares Symbol unserer Verbindung mit der Welt der Natur. So macht man ihn:

1 Gehen Sie durch den Wald und suchen Sie einen zu Ihnen passenden Baum mit einem schlanken Ast, der sich als Stock oder Stab eignet.

2 Fragen Sie den Baum, ob Sie den Ast nehmen dürfen. Wenn die Antwort »Ja« ist, sägen Sie ihn ab, schneiden ihn zurecht und schälen ihn. Sie können ihn auch schnitzen.

3 Tragen Sie den Stab, wenn Sie wandern. Mit der Zeit wird er sich wie ein Teil von Ihnen anfühlen.

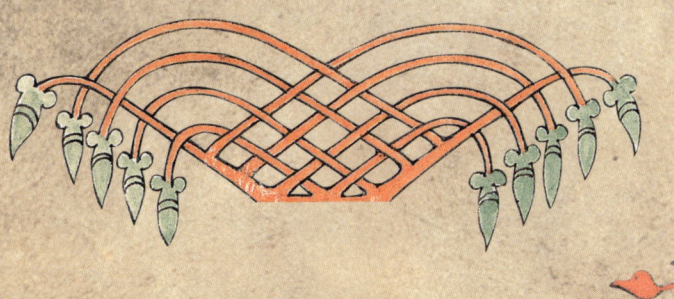

HEILKRÄFTE DES WASSERS

Im Wasser, dem Symbol für Leben und Inspiration, lag für die Kelten eine besondere Magie. Die Tatsache, dass es Licht einfangen konnte (zum Beispiel eine Reflexion der untergehenden Sonne), war nicht rational zu erklären und galt als Beweis seiner übernatürlichen Eigenschaften. Brunnen und Quellen hatten magische Kräfte. Seen und Flüsse waren Aufenthaltsorte von Anderweltwesen, etwa der Herrin des Sees in der Arthurlegende.

Gehen Sie an einem Fluss oder Strom entlang. Lassen Sie die Kraft des Wassers Ihren Geist stärken und jede Welle ihren sanften Segen zu Ihrer inneren Ruhe beitragen.

Das Wassergefängnis des Monds
Fürchte nicht des Druiden Magie.
Auch du bist ein fähiger Zauberer.
Du kannst die Geister der Nacht vereinen.
Du kannst den Mond in der Pfütze fangen.

Wenn Sie in eine Pfütze schauen und dort das Spiegelbild des Vollmonds sehen, ist die richtige Zeit, einen Wunsch zu äußern. Wenn Ihr Wunsch aufrichtig und rechtschaffen ist, besteht eine gute Chance, dass er bald in Erfüllung geht. Am besten ist es aber, die Reflexion des Monds in einem Brunnen zu sehen, dann bringt Sie der Zauber der Erfüllung Ihres Herzenswunschs näher.

HEILKRÄUTER

Pflanzen waren für die keltische Medizin sehr wichtig. In der irischen Mythologie tötete der große Arzt Dian Cecht seinen Sohn Miach aus Eifersucht auf dessen höhere medizinische Begabung. Durch ein Wunder wuchsen 365 Heilkräuter aus dem Grab Miachs. Einige der Kräuter aus den alten Sagen besitzen auch heute noch ihre Zauberkraft. Mädesüß verwendete man, um den Helden CúChulainn zu beruhigen, als er verrückt wurde. Es war auch eine der Pflanzen, die die Zauberer Math und Gwydion zum Erschaffen der Blumenfrau Blodeuedd verwendeten. Sie diente zur Luftverbesserung und zum Würzen von Met (daher der Name). Wie Aspirin enthält Mädesüß Salizylsäure, es lindert also auch Kopfschmerz.

Ein Mädesüß-Tee

Aus den getrockneten Blüten und Stängeln des Mädesüß, das in Europa im Juli und August blüht, kann man einen angenehmen Tee kochen. Geben Sie pro Person einen Teelöffel voll in eine Kanne, gießen Sie mit kochendem Wasser auf, lassen Sie den Tee fünf Minuten ziehen. Sie können mit etwas Lindenblütenhonig süßen. Dieser alte Trank (Spuren fand man in einem bronzezeitlichen Becher) ist leicht beruhigend und lindert Schmerzen.

Johanniskraut

Heute nimmt man Johanniskraut gegen leichte Depressionen. Bei den Kelten entzündete es das heilige Belteinefeuer, schützte gegen Zauber und war Futter für die Tiere.

Johanniskraut, Johanniskraut,
Du warst schon immer mein Begehr.
Ich pflücke dich mit meiner Rechten,
Ich bewahre dich in meiner Linken.
Wer dich auf der Weide findet,
Wird nie ohne Vieh sein.

(AUS DEN *Carmina Gadelica*)

FARBE ERNTEN

Tartans und Plaids, wie wir sie mit Schottland assoziieren, wurden mit Pflanzenfarben koloriert. In den Highlands gab man Schafwolle mit Moos aus den Mooren schichtweise in drei-beinige Kessel und kochte sie auf – das Ergebnis war eine hell-rote Wolle (außer wenn das Moos gelb war), die gesponnen und gewoben wurde. Für Schwarz verwendete man Eichenrinde und Eicheln; für Gelb Holzapfel oder Esche; für Grün Schwertlilien-wurzeln. In Töpfen außerhalb der Höfe sammelte man Urin, den man als Beize benutzte, um die Stoffe farbecht zu machen.

Ein einfacher Farbstoff

Diese Methode funktioniert bei fast allen Pflanzen: Zerdrücken Sie die Pflanze und geben Sie sie in eine große Edelstahlpfanne. Geben Sie Wasser dazu und lassen Sie alles eine Stunde lang köcheln. Lassen Sie die Pflanzen bis zu drei Tage im Wasser ziehen, rühren Sie jeden Tag gut um.

Seihen Sie den Sud durch ein Tuch in ein Färbebad. Geben Sie feuchtes Garn oder Stoff dazu. Kochen Sie dies auf und lassen Sie es eine Stunde lang köcheln. Die Farbintensität hängt von der Tages- und Jahreszeit ab, zu der Sie die Pflanze pflücken. Bei einigen Pflanzen muss man den Stoff mit Beize vorbehandeln.

FRUCHTBARKEITSRITEN

Die vorchristlichen Kelten hatten ein gesundes Verhältnis zur Sexualität. Wenn eine Frau von ihrem Mann nicht schwanger wurde, konnte sie sich beim Belteinefest einen anderen Liebhaber nehmen. Viele Wunschkinder entstammten solchen jährlichen Paarungen. Es gab feuchte, fruchtbare Orte wie Brunnen oder Quellen, an denen die Frauen ihre Fruchtbarkeit stimulieren konnten. Paare konnten an besonderen Orten Sex haben, etwa beim Phallus des Kreideriesen von Cerne Abbas in Dorset (und tun es noch heute trotz der Zäune) oder dort, wo die Landschaft einem Frauenkörper ähnelt, wie die »Brüste der Göttin Anu« in Irland.

Frühlingsritus

Wollen Sie die Fruchtbarkeit des Körpers oder Geists steigern, so rufen Sie die Kraft der Landschaft an.

1 Suchen Sie einen grünen Ort mit sprudelndem Wasser oder eine saftige Weide, besonders im Frühling.

2 Berühren Sie das Land: Rollen Sie einen Hügel hinab, tanzen Sie – laden Sie Ihren Körper mit Energie.

3 Wenn sich Ihre Zellen belebt fühlen, legen Sie sich auf den Boden, nackt wenn Sie wollen, und nehmen Sie Erde und Himmel in sich auf.

DER MOND UND SEIN LICHT

Unsere Vorfahren errichteten Steinkreise, um die Bahnen und Zusammenhänge von Sonne und Mond darzustellen. Sie verstanden, dass was im Himmel geschah, uns auf der Erde betraf, und sahen den Mond als Zentrum außerirdischer Energien. Die Kelten glaubten, dass der Vollmond die Zeit zum Pflanzen, der Neumond die Zeit zum Ernten sei (auch biodynamisch arbeitende Landwirte halten sich an diese Regel). Druiden machten Mondberechnungen, um den richtigen Zeitpunkt für eine Reise oder das Zeugen von Kindern zu ermitteln. Ein in England gefundenes Skelett aus der Bronzezeit trug eine Scheibe mit sieben Kerben auf der Brust, die für astrologische Voraussagen benutzt worden sein dürfte.

Mondlicht und Mondschatten
Gehen Sie bei Vollmond hinaus. Beobachten Sie, wie sich das Mondlicht auf die Welt auswirkt, sie verändert, wie seltsam hell es ist und wie deutlich der Mondschatten ist.

Je mehr Zeit Sie im Mondlicht verbringen, desto feiner wird Ihr Mondbewusstsein. Sie werden sich dadurch der Rhythmen und Zyklen im Himmel und in Ihrem Körper bewusster.

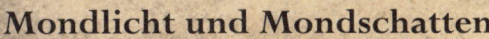
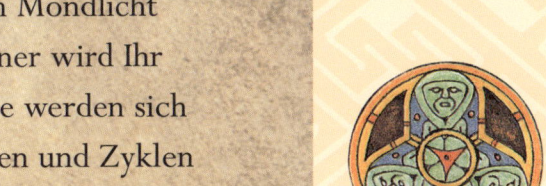

STERNENLICHT

Wenn die walisischen Kelten zu den Sternen blickten, sahen sie eine Inszenierung ihrer beliebtesten Mythen. Die Milchstraße war »die Burg Gwydions«. Gwydion soll seine Schwester Arianrhod auf diesem Weg verfolgt haben, als er wollte, dass sie dem Kind, das er ihr genommen hatte, »einen Namen gäbe, es bewaffne und verheirate«. Arianrhod hatte sich in ihre Sternenburg, die Corona Borealis, geflüchtet. Anfang Mai tauchen Meteoritenschauer bei dieser Konstellation auf. Das sollen Seelen sein, die zur Erde zurückkehren, um wiedergeboren zu werden.

Sterngucken

Gehen Sie in einer sternenklaren Nacht mit Fackel und Sternenkarte irgendwo hinaus, wo es wenig Streulicht gibt. Legen Sie sich auf den Rücken und schauen Sie hinauf. Suchen Sie die Corona Borealis (sie ist links vom Sternbild des Bärenhüters, links vom Großen Bären). Stellen Sie sich vor, dass Sie in die Sterne gezogen werden, um die rotierende Burg Arianrhods zu besuchen. An diesem Ort können Sie sich selbst für einen Augenblick in der Dunkelheit des interstellaren Raums vergessen. Wenn Sie »zur Erde zurückkehren«, werden Sie neugeboren sein – etwas anders und sehr erfrischt.

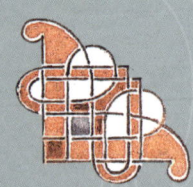

DAS REICH DER VÖGEL

Die Kelten glaubten, dass Vögel die Herolde der Anderwelt seien und ihr Gesang die Sprache jenes Reichs, die wir *beinahe* verstehen können. Im walisischen Mythos besuchen die Vögel von Rhiannon die Männer Brans, die den abgetrennten Kopf ihres gefallenen Anführers von der Schlacht zurücktragen. Obwohl die Vögel weit weg waren, klang ihr Gesang klar und schön.

Das beschreibt genau, was in Wachträumen passiert – einer eigenartigen Wachheit am Rande des Schlafs. Das Beachten der Vögel wird Ihre Wahrnehmung schärfen und frische Ideen durch die Fenster Ihres Bewusstseins fliegen lassen.

Die Vögel von Rhiannon

Hören Sie auf Laute der Vögel, wenn Sie spazieren gehen oder drinnen sitzen. Hören Sie nicht nur auf ihren Gesang, sondern auch auf das Schlagen ihrer Flügel, ihr Rascheln in Hecken. Vögel sind bei Morgen- und Abenddämmerung besonders geschwätzig. Wenn Sie Ihren Geist entspannen und sich ganz auf den Vogelgesang konzentrieren, fühlen Sie, wie sich die Grenzen zwischen dem Reich der Menschen und dem der Vögel auflösen, und Sie können beinahe verstehen, was die Vögel Ihnen zu sagen haben.

DAS RAD DES JAHRES

Für die Kelten war das Jahr ein Rad, das durch die jahreszeitlichen Feste rollte, jedes mit eigenem Flair und Zeremonien. Anfang Februar kündeten die ersten Schneeglöckchen Imbolc an, und wenn das Land auftaute, war man bereit für die Freuden von Belteine. Dann kam Mittsommer, der Wendepunkt des Sommers. Anfang August gab es die Lugnasad-Spiele. Nach der Ernte waren die Tiere zum Schlachten an Samain gefüttert. Zu dieser unheimlichen Zeit rief man die Ahnen um Stärke und Eingebung an, um den Clan durch den langen, dunklen Mittwinter zu bringen, zurück zum hoffnungsvollen Anfang des Frühlings.

Das Rad beobachten

Das Rad dreht sich nicht nur selbst, es bringt auch Sie weiter, wenn Sie auf den Geist jedes Festes und seine Möglichkeiten achten.

Markieren Sie dieses Jahr die Feste in einem Kalender, feiern Sie sie aktiv. Notieren Sie Ihre Ziele und Gedanken dazu. Sie werden erkennen, wie sich neue Ideen übers Jahr entwickeln, welche Saaten der Inspiration sprießen und welche nicht.

Das Verstehen des Jahresrhythmus führt zu einem ausgeglichenen, produktiven Leben in Einklang mit der Natur und dem Geist der Zeit.

IMBOLC (1. FEBRUAR)

Wir feiern Imbolc, oder Lichtmess, das Fest des Lichts, zur Zeit der allerersten Regungen des Frühlings, wenn die Mutterschafe beginnen, den frühen Lämmern Milch zu geben, und die Schneeglöckchen blühen. Imbolc fällt auch mit dem Fest der heiligen Brigit (Bride in Schottland) zusammen. Am Vorabend schmücken die schottischen Mädchen eine Statue Brides mit Muscheln, Kristallen und Schneeglöckchen und tragen sie um ihr Dorf. Dann stellen sie sie in ein Haus, verriegeln die Tür und setzen die Göttin in all ihrer Pracht ein. Die jungen Männer des Dorfs bitten untertänig, sie sehen zu dürfen. Nachdem sie ihr ihre Verehrung erwiesen haben, wird getanzt und gesungen und im Morgengrauen singt die Runde ein Lied zu Ehren Brides.

Das erwachende Licht

Stehen Sie vor Morgengrauen auf, zünden Sie eine Kerze an, stellen Sie sie vor einen Spiegel. Blicken Sie hinein. Entspannen Sie sich und lassen Sie beim flackernden Licht Bilder in Ihrem Geist entstehen. Diese deuten Ihnen an, was sich in Ihnen regt. Gehen Sie hinaus, wenn es hell wird, und begrüßen Sie den neuen Tag.

BELTEINE (1. MAI)

Belteine ist das Frühlingsfest, die Freude über die Erneuerung und Blüte des Landes. Viele der Belteinefestlichkeiten, wie der Tanz um den Maibaum oder die Wahl der Maikönigin, sind uns heute noch vertraut, andere längst vergessen. In alter Zeit entzündeten die Dorfbewohner ein großes Feuer aus dem Holz neun heiliger Bäume und ließen ihre Tiere über das Feuer springen, um die Herde für das kommende Jahr zu beschützen. In manchen Gegenden wurde ein besonderer Haferkuchen (siehe nebenstehendes Rezept) gebacken, gebrochen und herumgereicht. Wer das am stärksten verbrannte Stück erhielt, war das »Opfer« und musste über das Feuer springen. In früheren Zeiten könnte sein oder ihr Schicksal noch schlimmer gewesen sein. Wir sollten aber immer das Prinzip des Opfers an Belteine bedenken – eine Zeit, in der alles möglich erscheint, in der man aber auch leicht die Mühe außer Augen verliert, die zum Erreichen der Ziele notwendig ist.

Ein Belteine-Opfer

Belteine ist die ideale Zeit, Dinge wegzuwerfen, die man über den Winter gehortet hat. Es ist auch die Zeit, mit bequemen, aber einengenden Gewohnheiten zu brechen. Was könnten Sie opfern, um neu zu erblühen? Gibt es Dinge, die Sie zwar gerne tun, die Sie aber ständig von Ihren Zielen abbringen? Schreiben Sie sie auf einen Zettel.

Machen Sie ein Freudenfeuer, schreiten und tanzen Sie sieben Mal herum und verbrennen Sie den Zettel im Feuer. Springen Sie zum Schluss darüber.

Bannock-Rezept

Zutaten (für 10 Stück)

140 g Haferflocken

110 g Vollkornmehl

1 verquirltes Ei

55 g Zucker

150 ml Milch

½ Teelöffel Zimt

¼ Teelöffel Backpulver

½ Teelöffel Weinstein

Ein Backblech bei mittlerer Hitze erhitzen. Die trockenen und flüssigen Zutaten in zwei getrennten Schüsseln vermengen, nach und nach die flüssigen in die trockenen Zutaten einrühren, um Klumpen zu verhindern. Aus dem Teig 10 kleine Scheiben formen und auf dem Blech backen, bis die Ränder goldbraun werden (etwa fünf Minuten lang), einmal wenden.

MITTSOMMER (21. JUNI)

Zu Mittsommer erreicht die Sonne ihren Zenit am Himmel, es ist der längste Tag und die kürzeste Nacht – eine mächtige Zeit. In Cornwall wurden in dieser Nacht alle Hügel rund um eine bestimmte Bucht von Freudenfeuern gekrönt. Alte Leute konnten aus der Zahl und Gestalt der Feuer, die sie sahen, die Zukunft lesen. Es ist ein Wendepunkt des Jahres, an dem die Dinge sich zum Besseren – oder zum Schlechteren wenden können. In einigen Dörfern hielt man deshalb Prozessionen mit dem Sonnenlauf ab, um die Götter um Schutz für das Getreide zu bitten.

Mittsommerwache
Mittsommer ist als Wendepunkt eine gute Zeit für Vorsätze.

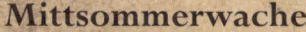 1 Schlafen Sie im Freien, wenn das Wetter gut ist, an einem ruhigen Ort voll mit Erdenergie. Sagen Sie sich Ihren Plan laut vor, bevor Sie einschlafen. Sie müssen davon überzeugt sein!

2 Gehen Sie vor Sonnenaufgang zu einer Stelle, wo Sie spüren, wie die aufgehende Sonne Sie mit Kraft erfüllt. Wiederholen Sie Ihren Vorsatz.

3 Machen Sie Ihren Geist frei und meditieren Sie vor dem Frühstück. Tun Sie dann den nächsten Schritt, um Ihren Vorsatz zu verwirklichen.

LUGNASAD (1. AUGUST)

Lugnasad (Erntedank) fällt auf den Höhepunkt des Sommers, wenn das Getreide reift und wir zu ernten beginnen, was wir gesät haben. In Irland finden zu dieser Zeit große Pferdemessen und Heiratsmärkte statt. Früher konnten sich Paare zu Lugnasad auf ein Jahr und einen Tag »vermählen«, eine Probeehe, die wieder aufgelöst wurde, wenn das Paar sich nicht verstand oder kein Kind bekam.

Lugnasad ist auch das Fest des Lug, des Sonnengottes, des Meisters aller Künste. Es ist eine Zeit, in der man seine Talente in freundlichem Wettstreit feiern kann.

Drachen steigen lassen

Drachen steigen zu lassen, ist eine ideale Lugnasad-Aktivität. Sie kommen dann mit Ihren Talenten näher zur Sonne (Lug).

Zu den vielen Begabungen Lugs gehörte handwerkliches Talent; versuchen Sie also ihm zu Ehren, Ihren eigenen Drachen zu bauen. Das ist nicht schwer, erfordert aber Übung. Steigen Sie mit Ihrem Drachen und einigen Freunden am Vorabend von Lugnasad auf einen Hügel. Nehmen Sie Brot und Käse mit – möglichst selbst gemacht. Essen und trinken Sie nach dem Drachen-steigen-Lassen mit ihnen, beobachten Sie den Sonnenuntergang.

SAMAIN (1. NOVEMBER)

Samain, wörtlich »Sommerende«, gilt vielen als Beginn des keltischen Jahres. So wie der Tag in der Nacht beginnt, öffnet Samain die Tür zur dunklen Jahreshälfte, in der sich Licht und Leben aus der Welt zurückziehen, wir uns dem Tod näher fühlen und uns bewusst wird, dass auch wir eines Tages sterben werden.

Zu dieser Zeit schlachteten die Kelten Tiere, um ihr Fleisch für den Winter zu trocknen oder zu pökeln. In alten Zeiten könnte es auch Menschenopfer gegeben haben, um die Götter der Anderwelt zu ehren. Die Gegenwart des Todes und die Furcht vor Hunger in den kommenden Monaten schärfen das Bewusstsein und kräuseln den Schleier zwischen den Welten.

Wenn wir lernen zuzuhören, können wir mit unseren Ahnen kommunizieren und die Weisheit der Anderwelt hören. Es ist eine dunkle, zwiespältige Zeit, in der gute und böse Wege, die uns normalerweise versperrt sind, sich für kurze Zeit öffnen. Einige führen in die Vergangenheit, andere in die Zukunft. Samain ist eine der besten Zeiten zum Wahrsagen. In Schottland glaubte man, dass die zu Samain Geborenen das »Gesicht« hätten.

Wintermärchen erzählen

Vor der industriellen Revolution verbrachten die meisten Menschen in den keltischen Ländern die kalten Abende vor dem Feuer, redeten, arbeiteten und erzählten Geschichten.

Leider ist diese Tradition größtenteils verloren; Samain wäre eine gute Gelegenheit, sie zu beleben. Versammeln Sie sich um ein Feuer, trinken Sie Ciderpunsch zu Bratäpfeln, erzählen Sie Märchen voller Geheimnisse und Horror. Haben Sie keine Angst, sich zu fürchten. Die Mythen öffnen unsere Sinne für Möglichkeiten und Hintergründe unseres Lebens.

MITTWINTER (21. DEZEMBER)

In der längsten Nacht, besonders im hohen Norden Europas, wo sie wirklich sehr lang ist, kann einem das Leben erbärmlich und hoffnungslos scheinen. Lichtmangel macht viele Menschen depressiv. Auf den Inseln des Nordens wird zu viel getrunken. Schließlich aber geht die Sonne wieder auf, die Tage werden länger. Zu Mittwinter können wir mit der Dunkelheit alte Gewohnheiten und Beschränkungen ablegen, unsere alte, harte Haut abstreifen und so verwundbar wie ein Neugeborenes werden. Mit dem neuen Licht kann sich dann auch wirkliche Freude einstellen.

Das Feuer der Kreativität

Machen Sie – drinnen oder draußen – Feuer. Nehmen Sie gutes Zündmaterial, stacheln Sie mit Kohle oder Holz an, damit es gut brennt. Befreien Sie Ihren Geist, verlangsamen Sie die Atmung, machen Sie Ihre eigene Feuerzeremonie. Setzen Sie sich und beobachten Sie das Feuer einige Zeit, lassen sie Ihren Geist fließen. Lassen Sie die Flammen den Ballast, überkommene Gewohnheiten und Gedanken verbrennen. Machen Sie Platz für Neues in sich. Sie müssen noch nicht wissen, was dieses Neue sein wird. Zu Imbolc wird es sich bemerkbar machen, und das Rad wird sich weiterdrehen.

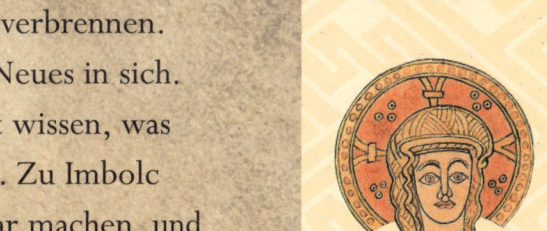

Mystische Symbole

Von der Bewegung in der Ruhe des endlosen Knotens, gezeichnet nach Prinzipien der kosmischen Geometrie, bis zur reinen Schlichtheit der Schale oder des Kessels knüpften die Kelten ein Netz von Symbolen, die uns daran erinnern, dass auch Alltägliches eine tiefe, oft verborgene Bedeutung hat. Wenn Sie eine Triskele um den Hals tragen, vor einem keltischen Kreuz stehen oder in einer illustrierten Bibel blättern, stehen Sie an der Schwelle zu den großen Mysterien der Druiden, Barden und Heiligen. Mit etwas mehr Kontemplation können Sie in den erstaunlichen Reichtum der keltischen Ideenwelt eindringen.

BRÜCKEN ZWISCHEN WELTEN

Die Neigung der Kelten zur Welt der Natur hatte ihr Gegenstück in der Sehnsucht nach der Anderwelt. Symbole waren Boten und Brücken zwischen beiden Reichen. Ein Netz miteinander verknüpfter Symbole verlieh dem typisch keltischen Grenzbereich Kontur. Manche waren organisch gewachsen, andere von Dichtern und Mythenerzählern erfunden. Viele reichen zu alten Systemen mythischen Wissens zurück, das heute fast verloren ist. Durch Betrachtung der Symbole können wir zu dieser verborgenen Weisheit gelangen und neue Perspektiven in uns erschließen.

Lebens-Spanne

Tarr Steps in Devon (gegenüber) gilt als älteste Brücke Britanniens. Man sagt, sie sei auch ein Übergang von der realen Welt zur Anderwelt.

Im walisischen Mythos spannt Bran der Selige sich selbst als Brücke über die Irische See, damit seine Männer hinüberkommen.

Wir alle können uns wie Bran zu Brücken machen, damit andere zu Wahrheit und Erleuchtung gelangen können. In welcher Weise sind *Sie* Brücke?

*»Der, der König sein will,
soll zuerst Brücke sein.«*
(AUS Brans Erzählung in *Mabinogion*)

DAS LABYRINTH

Labyrinthe findet man auf der ganzen Welt, die Kelten aber liebten sie besonders — wie man an ihrer verschlungenen, kurvenlinearen Kunst erkennen kann, in der das Erlebnis der Wanderung, die schließlich zur Quelle zurückführt, zelebriert wird.

Das Labyrinth ist Symbol der Lebensreise: Es kann sein, dass man vergisst, woher man kommt, man verliert leicht den Halt seines Ziels und seiner Prinzipien. Manchmal glaubt man sich nahe der Mitte, und ist doch weit entfernt, manchmal ist man nahe am Ziel, ohne es zu merken.

Labyrinth des Geistes

Man vergleicht die Oberfläche des Gehirns mit einem Labyrinth. Um unseren Geist optimal zu nutzen, müssen wir ihn in alle Richtungen beschreiten, wie wir durch das ganze Labyrinth reisen müssen, um sein Herz zu finden. Dann glühen die Juwelen des Hirns, unser Geist »leuchtet auf«.

Ein Labyrinth bauen

Ein Labyrinth zeichnen oder es aus Steinen am Strand bauen sind magische Akte, die den Geist beleben. Beginnen Sie in der Mitte, arbeiten Sie nach außen. Versinken Sie in der Aufgabe. Wenn Sie wieder »auftauchen«, haben Sie einen anderen Zugang zu einem schwierigen Problem.

RINGE, HALSKETTEN, ARMREIFEN

In keltischen Erzählungen findet man viele Beschreibungen von Kleidung, Haarfarbe und Haartracht der Menschen, von Pferden, Decken und Gürtelschnallen. Wie der griechische Historiker Strabon missbilligend feststellte, sorgten sich die Kelten um ihr Äußeres, genossen die Sinnlichkeit feiner Kleidung und kostbaren Schmucks. Ringe, Halsketten und Armreifen bedecken die Haut – sie sind ein Lobpreis des Körpers, ein Kontrapunkt zur Askese christlicher Mönche. Schmuck signalisierte auch den Status: Der Halsring (gegenüber) war das Zeichen eines Anführers. Je mehr Gold ein Kelte trug, desto bedeutender war er.

Strabon über die Kelten

»Neben Einfachheit und Temperament liegt in ihrer Natur auch viel Unvernunft, Prahlerei und Lust, sich zu schmücken. Sie tragen nicht nur oft Gold und Juwelen – als Kette um den Hals, als Reif oder Band an Armen und Handgelenken –: Diejenigen, die einen gehobenen Rang haben, tragen auch goldschillernde Gewänder in leuchtenden Farben.«

(AUS Strabons *Geografie*)

Aus dem Kreis treten

Es kann sinnvoll sein, mit Image und Äußerlichkeiten zu experimentieren. Ziehen Sie sich normalerweise gut an und tragen viel Schmuck, dann machen Sie einen Tag lang das Gegenteil: Tragen Sie etwas Schlichtes, kein Parfum, keinen Schmuck. Sind Sie normalerweise schlecht angezogen, kleiden Sie sich für einen Tag prächtig.

Werden Sie anders behandelt? Fühlen Sie sich selbst anders? Welche Elemente Ihres neuen Bilds möchten Sie behalten?

BÜCHER UND BUCHSTABEN

Die frühen Kelten gaben sakrales Wissen, Geschichten und Mythen mündlich über Generationen von Barden und Druiden weiter, aber die heiligen Offenbarungen der Christen standen in der Bibel, und mit dem Christentum kam das Buch. Die gleichen Schreiber, die hingebungsvoll Evangelien kopierten, schrieben auch Mythen und Gedichte nieder. Das war zugleich ein Gewinn und ein Verlust: Die »Kunst der Erinnerung« ging größtenteils verloren, aber wertvolle Schätze der Vorstellung und des Lernens blieben uns als Quelle der Inspiration und Wahrheit erhalten.

Wertschätzung des Buchs

Ein Buch stellt für sich selbst einen Wert dar, nicht nur wegen seines Inhalts.

1 Nehmen Sie ein Buch, das Ihnen viel bedeutet. Betrachten Sie es, blättern Sie es langsam durch, bis eine Seite Ihre Aufmerksamkeit erregt.

2 Betrachten sie diese Seite, ohne sie zu lesen. Denken oder analysieren Sie nicht, erfreuen Sie Ihre Sinne an der Bedeutung dieses Buchs für Sie. Genießen Sie die Schönheit des Buchs vor Ihrem geistigen Auge.

3 Schließen Sie das Buch und danken Sie seinen Schöpfern.

DIE WELT DER ILLUSTRATIONEN

Die Kelten hatten großen Respekt vor dem Wort — was sie in ihrer Vorliebe für Rätsel, Gedichte und Geschichtenerzählen bewiesen. Bis heute sind die keltischen Gegenden für Witz und verbale Ausdruckskraft bekannt.

Die Kelten waren auch begabte Künstler — eine Gabe, die in den großartig ausgeschmückten Evangelien zum Ausdruck kommt, etwa im Book of Kells, dem Lindisfarne Evangeliar und dem Book of Durrow. Geschaffen vom 6. bis 8. Jh. durch Mönche, die ihr Leben diesem Werk widmeten, glorifizierten sie die Welt in wunderlich fließenden Spiralmustern, deren Farben nach fast 1500 Jahren immer noch strahlen. Man nahm große Mühen auf sich, das für diese fantastischen Effekte erforderliche Material zu beschaffen. Blau zum Beispiel wurde aus zerstoßenem Lapislazuli erzeugt, der aus Asien importiert werden musste. Die Herstellung dieser Bücher war eine spirituelle Meditation, die die Schreiber in intensive und enge Beziehung mit dem Wort Gottes führte.

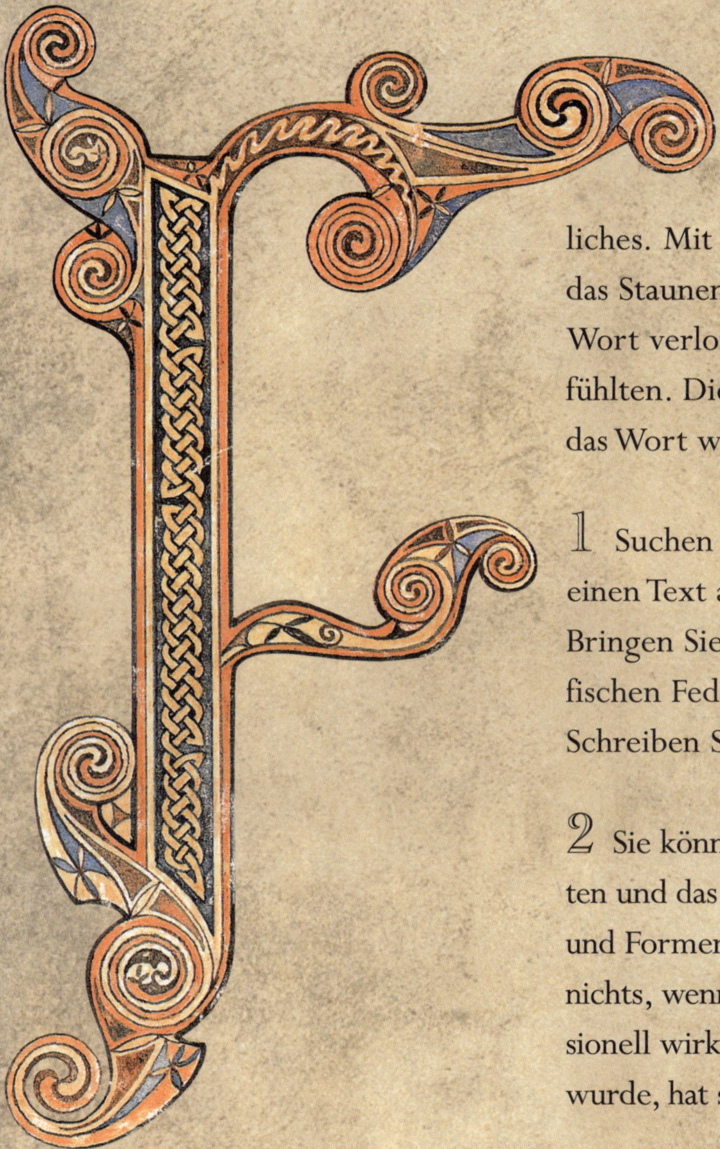

Ehren Sie das Wort

Druckschriften sind heute etwas Gewöhnliches. Mit dieser Verfügbarkeit ging das Staunen über das geschriebene Wort verloren, das die alten Kelten fühlten. Diese Übung hilft Ihnen, das Wort wieder mehr zu schätzen.

1 Suchen Sie ein Gedicht oder einen Text aus, der Sie inspiriert. Bringen Sie ihn mit einer kalligrafischen Feder auf feines Papier. Schreiben Sie so schön wie möglich.

2 Sie können die Initialen ausarbeiten und das Blatt mit farbigen Figuren und Formen schmücken. Es macht nichts, wenn Ihr Werk nicht professionell wirkt. Was mit Liebe gemacht wurde, hat seine eigene Schönheit.

DAS KELTISCHE KREUZ

Obwohl dieses alte Symbol bereits auf Fundstücken aus der Zeit von 10 000 vor Christus anzutreffen ist, sagt man, dass St. Patrick es im fünften Jahrhundert n. Chr. geschaffen habe. Nach der Legende zeigte man ihm einen heiligen Stein mit einem Kreis als Symbol der Mondgöttin. Patrick ritzte ein lateinisches Kreuz in den Kreis und segnete den Stein. So ging die Macht des Mondes der alten Religion in der Sonne des Christentums auf. Das Zeichen — eine Art keltisches Yin-Yang-Symbol — bedeutet die harmonische und dynamische Vereinigung von Gegensätzen.

Ein Hauch der Ewigkeit

Das Kreuz steht für Erde, Körper, die Welt der Natur und alles, was wir riechen, fühlen, schmecken, hören, sehen können. Der Kreis verwandelt, was Anfang und Ende zu haben scheint (so wie unser Leben), zu einem endlosen Zyklus in einer Dimension, die wir sonst nicht begreifen.

Schließen Sie die Augen, stellen Sie sich das Bild des keltischen Kreuzes vor, konzentrieren Sie sich auf den »endlosen Zyklus« Ihres Atmens. Atmen Sie langsam, tief und gleichmäßig. Wenn Ihr Atem ruhiger und feiner wird, können Sie aus Ihrer zeitlichen, physischen Existenz in das Reich der Ewigkeit treten.

DER BAUM DES LEBENS

Wenn ein Stamm zur Besiedlung Land rodete, ließ man in dessen Mitte immer einen großen Baum stehen. Dort wurde der Anführer eingesetzt – denn der Baum, mit seinen in die untere Welt reichenden Wurzeln und den in die obere Welt ragenden Ästen, verband ihn mit den Kräften des Himmels und der Elemente. Im Krieg versuchte man, den Mutterbaum der Feinde zu zerstören, um ihre Identität zu vernichten und sie von der Quelle des Lebens abzuschneiden.

Der Baum als Freund

Uns einen Baum zum Freund zu machen verbindet uns mit der Kraft und Einfachheit der Natur, wenn wir ängstlich oder verwirrt sind.

1 Wählen Sie einen zu Ihnen passenden Baum im Garten, Park oder Wald, lernen Sie ihn kennen. Setzen oder legen Sie sich darunter, lehnen Sie sich an, klettern Sie hinauf oder betrachten Sie ihn von weitem.

2 Lassen Sie das ruhige, kraftvolle Wesen des Baums Ihren Körper und Geist durchdringen. Beachten Sie besonders, wie die Wurzeln tief in die Erde und die Äste hoch in den Himmel ragen. Ihr Wesen wird sich entspannen und dabei ausdehnen.

MAGISCHE TIERE

In früher keltischer Zeit hing das Leben der Menschen von den Tieren ab, die sie hüteten oder jagten. Diese enge Beziehung war Anregung zu vielen hilfreichen und magischen Tieren in den Mythen. In der walisischen Sage von Culwych und Olwen wird Arthurs Helden bei ihrem Versuch, einen gefangenen Knaben zu retten, von den »vier ältesten Tieren« – Hirsch, Eule, Adler und Lachs – geholfen. Diese Tiere existieren seit jeher, schon vor den Menschen, und sind mit Weisheit und Güte gesegnet, wie wir sie nicht haben. Die Eule sagt: »Als ich zum ersten Mal hierherkam, war die breite Straße ein bewaldetes Tal. Dann kamen die Menschen und rodeten es.« Der alte Lachs weiß, wo der vermisste Knabe ist, er bringt zwei der Helden »auf seinen beiden Schultern« zur Mauer des Gefängnisses und führt sie zum Angriff, sodass der Knabe gerettet wird.

Einige Tiere wie der Hase galten als so magisch und unheimlich, dass sie tabu waren und nicht gegessen werden durften. Die Menschen glaubten etwa, dass Hexen sich in Hasen verwandelten, um die Milch der Kühe zu stehlen. Und als Boudicca, die Königin des Stamms der Iceni mit ihrem Heer erstmals den Römern gegenüberstand, machte sie eine Weissagung, indem sie einen Hasen unter ihrem Rock herausließ und die Richtung beobachtete, in die er lief. Sie sagte den Sieg voraus und gewann wirklich diese Schlacht, obwohl sie später den Krieg verlor.

Die Macht der Tiere

Beobachten Sie bei Tieren, denen Sie begegnen, die Qualitäten, die wir selbst nicht haben – die ergebene Treue des Hundes, die Gewandtheit des Eichhörnchens, das erstaunliche Gehör und die Sehkraft der Eule. Versuchen Sie dies an sich selbst zu entwickeln. Versetzen Sie sich in den Körper des Tieres und betrachten Sie die Welt aus seiner Sicht. Seien Sie nicht frustriert, wenn Sie wieder einmal aufgehalten werden, entwickeln Sie dafür die Geduld einer Katze.

TALISMANE

D ie berühmtesten Talismane oder magischen Gegenstände der keltischen Tradition sind die »Vier Magischen Schätze«, die die Tuatha Dé Danaan, die »Kinder der Göttin Danu«, nach Irland brachten: Nuadus Schwert, Lugs Speer, der Kessel des Dagda und der Stein des Schicksals. Sie gelten als wesentlich für Wohlergehen und Schicksal der keltischen Länder.

Talismane schützen oder unterstützen gewöhnlich die Tugendsamen, zeigen aber auch die Verfehlungen Unwürdiger auf, die versuchen sie zu benutzen. Der Schleifstein von Tudwal Tudgyd schärft das Schwert des Tapferen, macht aber das des Feiglings stumpf. Der Umhang von Tegau Goldbrust wirft nur an einer Frau mit gutem Charakter schöne Falten.

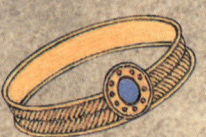

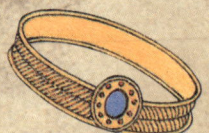

Einen Talisman schaffen

Mit ein bisschen Fantasie können Sie für sich oder jemanden in Not einen Talisman herstellen.

1 Suchen Sie zuerst einen schönen oder interessanten Gegenstand. Alles kommt infrage, wenn es Ihnen etwas bedeutet: Ein Stein, eine Gemme oder ein geschnitztes Holzstück sind besonders geeignet.

2 Laden Sie den Gegenstand an verschiedenen Körperstellen auf, während Sie meditieren: am Herz für emotionale Stärke, an der Stirn für klaren Geist, am Bauch für Kraft.

3 Geben Sie den Talisman in ein Seidensäckchen. Schenken Sie ihn mit Liebe, nennen Sie den Zweck – zum Beispiel: »Er soll dir Wachheit und Mut für die Prüfung geben.«

Macht der magischen Schätze

Der Herrin Gaben für die im Westen,
Kessel und Schwert, Speer und Stein;
Der Herrin Worte, über der Gischt,
Segen allen, wenn mein schöner Herr kommt.

(ANONYM)

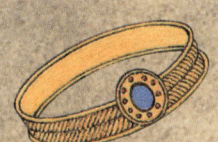

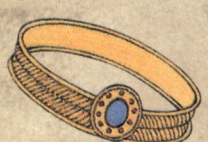

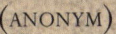

DIE WEINRANKE

Wenn Sie die Muster illustrierter Handschriften und keltischer Steinkreuze genauer ansehen, werden Sie oft die in einem goldenen Kelch wurzelnde Rebe sehen, die sich dreht, windet und Weintrauben für Pfauen mit schillernden Schwanzfedern hervorbringt. Christus war der »wahre Weinstock«, und die Trauben sind die Früchte seines Lebens, welche die Gläubigen nähren. Der goldene Kelch steht für die Verheißung der Erlösung, die leuchtenden Pfauenschwänze repräsentieren die Auferstehung. Solch eine Symbolik spielt auf einer tiefen Ebene des Unbewussten.

Die Kraft des Weinstocks

Der Weinstock wächst auf besondere Art. Er kann sich an einer Wand oder um einen Baum ranken. Er verbindet beim Klettern Flexibilität und Festigkeit.

Suchen Sie Inspiration beim Weinstock, wenn Ihre Entschlossenheit wankt – wenn Sie etwa gegen lange Krankheit ankämpfen oder eine andere Stressperiode erdulden.

Schließen Sie die Augen, konzentrieren Sie sich auf Ihren Solarplexus. Lassen Sie von dort Energie in Oberkörper und Kopf aufsteigen, wie die Rebe zur Sonne klettert. Spüren Sie, wie neues Vertrauen und Stärke Sie durchströmt.

DER ENDLOSE KNOTEN

Die Kelten waren vom Symbol des endlosen Knotens fasziniert – einer kunstvoll verschlungenen Linie ohne Anfang und Ende. Er ist eine Art keltisches Mandala, ein geistiger Plan des Kosmos, der den keltischen Glauben an die Ewigkeit – einen transzendentalen Zustand jenseits der materiellen Welt – ausdrückt.

Meditation über ewige Wahrheit
Meditieren Sie über den endlosen Knoten als letzte Realität des Kosmos, ewige Wahrheit der Existenz und Unsterblichkeit des Geistes.

1 Setzen Sie sich bequem vor den Knoten, atmen Sie tief und gleichmäßig.

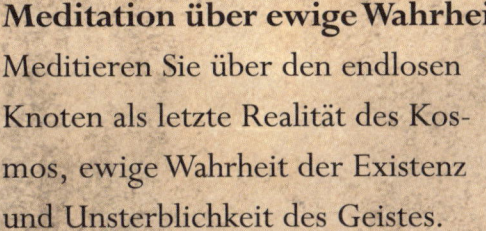

2 Konzentrieren Sie sich auf den endlosen Knoten. Lassen Sie das Bild in Ihr Bewusstsein dringen.

3 Versuchen Sie nicht, Ihre Gedanken in Worte zu fassen, sitzen Sie nur da, denken Sie an den Knoten, erleben Sie in Ruhe die Gegenwart, fühlen Sie, wie der Fluss der Zeit untrennbar mit der Ewigkeit verbunden ist. Bleiben Sie fünf bis zehn Minuten so.

4 Beenden Sie die Meditation, indem Sie sieben Mal den Satz sagen: »Jeder Moment ist eine Kurve im endlosen Knoten der Zeit.«

DER KESSEL

In alten Zeiten hing der Kessel über dem Feuer; Fleisch, Knochen, Gemüse und Kräuter kochten zu einer kräftigen Brühe. Der reichhaltige Eintopf wurde zum mächtigen Symbol der Kelten für spirituelle und körperliche Nahrung – für Inspiration, mythisches Wissen und Erneuerung. Tote Krieger, die in Brans Kessel tauchen, erwachen zum Leben, können aber nicht sprechen – was bedeutet, dass die großen Geheimnisse nicht besprochen, sondern nur erfahren werden können. Und als der kleine Gwion das Gebräu in Cerridwens Kessel kostet, beginnt er die Reise, die ihn in den allwissenden Barden Taliesin verwandelt.

Der Kessel der Verwandlung

Wenn Sie vor schwierigen Veränderungen stehen, sollten Sie einen Kessel suchen oder herstellen. Er muss nicht groß sein, aber die runde, geräumige Form einer Schüssel haben.

Geben Sie negative Emotionen, die Sie verändern wollen, in den Kessel – Enttäuschung, Angst, Abneigung, Schuld. Schauen Sie in den Kessel und stellen Sie sich vor, dass er diese Gefühle aus ihnen zieht. Gießen Sie Wasser oder Wein hinein, schwenken Sie ihn und nehmen Sie einen Schluck. Vertrauen Sie dem Prozess der Veränderung, tun Sie nichts dazu.

DER KELCH

Kelch und Becher sind weibliche Symbole. In der irischen Sage werden sie mit Maeve, der Göttin der Souveränität und Vergiftung, assoziiert. Jeder neue König von Irland musste Maeve »heiraten«, um den Thron zu erlangen. Eine Priesterin (in der Rolle der Göttin) reichte dem neuen König einen Kelch mit »Ale von Cuala«. Durch Trinken aus diesem Kelch und, in alten Zeiten, Beischlaf mit der Priesterin zeigte er seinen Willen, das Land zu ehelichen und sein Beschützer zu werden.

Aus dem keltischen Kelch zu trinken bedeutet nicht nur, sich mit dem zu verbinden, der ihn anbietet, sondern dass man sich dem Dienst der höheren Mächte weiht, die er repräsentiert.

Den Kelch anbieten

Sie können einen Zaubertrank aus süßen Kräutern (Lindenblüten, Kamille oder Mädesüß), Honig und eventuell etwas Whisky machen. Bieten Sie ihn Ihrem Partner oder Freund im Geist der Liebe und gegenseitiger Stärkung. Lassen Sie den anderen trinken, nehmen Sie dann den Kelch und trinken Sie selbst.

Diese einfache, intime Zeremonie bedeutet ein Versprechen, dem treu zu sein, was in der Beziehung am besten und edelsten ist.

DER GRAL

Der Gral ist weder Kelch noch Kessel, sondern ein Objekt höherer Ebene. Er hat seine Wurzeln in der keltischen Tradition als magisches Gefäß, in dem sich der Tau der Anderwelt sammelt. Als er später christliche Bedeutung annahm – als Heiliger Gral, in dem Josef von Arimathäa das Blut des gekreuzigten Christus sammelte –, wurde er unermüdlich von den Rittern der Tafelrunde König Arthurs wie Galahad oder Parzival gesucht. Einige glauben, dass er die Macht hat die Menschheit zu heilen und nur von denen gesehen werden kann, die reinen Herzens sind. Seine Ursprünge sind unklar, aber der Gral wurde ein mächtiges Symbol dafür, was jedem von uns am wertvollsten, am schwersten und am bedeutendsten ist.

Gralsmeditation

Setzen Sie sich an einen ruhigen Ort, mit geradem Rücken und entspanntem Nacken. Atmen Sie ruhig. Lassen Sie das Bild des Grals in sich entstehen. Erleben Sie den Gral mit Ihren inneren Sinnen: Wie fühlt er sich an? Was ist in ihm? Klingt er, wenn man ihn anstößt?

Rufen Sie die Kraft dieses großen Symbols um Stärkung Ihrer Verbindung mit der Quelle des Lebens an.

DER KOPF

F ür die Kelten war der Kopf Sitz der Seele. Abgeschlagene Köpfe von Feinden wurden auf Pfähle gesteckt, und der letzte Wille Brans des Seligen war, dass sein Kopf mit Blick nach Frankreich unter dem Weißen Berg im Londoner Tower bestattet werde, um England vor Eroberung zu schützen. 80 Jahre lang trugen Brans Männer seinen Kopf als Talisman mit sich, bevor sie seinen Wunsch erfüllten. Einige glauben, dass er immer noch unter dem Tower begraben liegt und als Same der Souveränität England beschützt.

Beleben Sie Ihren Kopf

Diese Übung soll Ihren Intellekt und Ihre Fantasie beflügeln.

1 Betrachten Sie im Dunkeln sitzend eine brennende Kerze — eventuell in einem Kürbiskopf.

2 Machen Sie sich das Licht im Zentrum Ihres Kopfes bewusst.

Dann im Bereich hinter den Augen, bei den beiden »Drachenflügeln« der Seiten Ihres Gehirns, dann am Drachenschwanz, der vom Hinterkopf die Wirbelsäule hinabführt.

3 Lassen Sie Ihren Atem in diese Bereiche strömen. Stellen Sie sich vor, wie der Drache Ihres Geistes Feuer in Ihre Anstrengungen haucht.

DAS SCHWERT DES LICHTS

O as Schwert des irischen Helden Fergus mac Roich hieß Caladbolg – von den Wörtern »calad« (hart) und »bolg« (Blitz). Fergus vollbrachte mächtige Taten mit seinem Schwert aus Licht. Er war sogar imstande, es zur Gestaltung der irischen Landschaft zu verwenden, wie das Zitat unten belegt.

Ein Schwert aus Licht ist keine gewöhnliche Waffe. Es kann nicht für irgendein Gemetzel verwendet werden, sondern nur für den Kampf an der Seite Gottes. Schwerter wie Caladbolg können nur von den stärksten und edelsten Kriegern wie Arthur oder Rhydderch geführt werden.

Formung der Landschaft

Wenn Fergus beschloss, mit Caladbolg zuzuschlagen, bekam es die Größe eines Regenbogens am Himmel. Dann zog Fergus seine Hand schräg über die Köpfe der Krieger, sodass er drei Hügel abschnitt. Man kann sie immer noch im Moor sehen, es sind die drei Maels of Meath.

(AUS DEM *Táin Bó Cúailnge*)

Der Blitz der Inspiration

Inspiration kann mit einem Blitzschlag kommen, manchmal aber arbeitet unser Geist zu langsam, um die Botschaft zu registrieren. Vielleicht scheuen wir uns unbewusst auch vor den Veränderungen einer großen Idee.

Wir müssen lernen, für diese Geistesblitze empfänglich zu sein, die von unserem rationalen Vorderhirn oft ausgesondert und verworfen werden.

Ein Weg dazu ist bewusst einzuschlafen. Versuchen Sie, den Moment zu erfassen, indem sich Ihr Bewusstsein verschiebt. Das ist nicht leicht, aber auch wenn es Ihnen nur gelegentlich gelingt, können Sie beobachten, wie Ihr Hirn sich beschleunigt und in einen außerordentlich kreativen Zustand springt. Danach sollten Sie für diese »Blitze der Inspiration« empfänglicher sein.

HELDEN DES GEISTES

Mythen und Geschichte der Kelten setzten viele große Heldinnen und Helden in die Welt – den edlen, aber fehlerhaften Lanzelot, die tapfere Boudicca, den grimmigen CúChulainn, Seefahrer wie Brendan und Maelduin, tugendhafte und wundertätige Heilige wie Brigit und Columban. In ihrem großartigen, oft tragischen Leben sehen wir unsere eigene Bestimmung deutlicher, und es gibt viel aus ihren Abenteuern und Schicksalen zu lernen. Wenn sich die Komplexität des modernen Lebens gegen uns wendet, uns furchtsam und traurig stimmt, können wir uns des keltischen Geists zu forschen erinnern und der Impulse für ein lohnendes Leben, die von ihm ausgehen.

DIE BERUFUNG DES HELDEN

Die Kelten glaubten, dass man seine Bestimmung erfüllen und, wenn nötig, dafür kämpfen müsse. Dann werde die Ehre erstrahlen und Name und Taten von den Barden gepriesen. Heldinnen und Helden lernen oft sehr früh, dass sie eine besondere Berufung haben. In der keltischen Sage wusste CúChulainn, dass er jung sterben würde. Davor aber erwarb er das Recht, sich den »besten Krieger des Westens« zu nennen. Bevor Arthur das Schwert aus dem Stein zog, war er ein ganz normaler Junge, der keine Vorstellung von seiner speziellen Aufgabe hatte. Sein Schicksal wurde ihm aufgedrängt — als er das Schwert Excalibur in Besitz nahm, verkündete er sich und den Umstehenden, dass er der künftige König sei.

Der Sinn für Schicksal spielt auch in den Legenden historischer Gestalten eine Rolle. Das vom Zimmer ihres Neugeborenen ausgehende, strahlende Licht sagt der Mutter Columbans, dass er ein heiliges Kind ist. Der Knabe wuchs heran, wurde ein Vorkämpfer des Christentums in Schottland und gründete das Inselkloster von Iona, das noch immer ein Leuchtturm des keltischen Christentums ist.

Dem Schicksal ergeben

Heldinnen und Helden zeichneten sich dadurch aus, dass sie ihrer Bestimmung mit Mut und Überzeugung folgten. Es ist lohnender, sich und seiner Berufung treu zu sein, als dem kurzfristigem Vorteil der Konformität nachzujagen.

Wenn Sie bereit für die Antworten sind, meditieren Sie über Fragen wie: Wer bin ich? Wozu bin ich da? Vielleicht müssen Sie eine Reise zu einem Ort der Kraft machen, um diese Fragen zu stellen. Erwarten Sie die Antworten nicht in einer bestimmten Weise oder, wie sie Ihnen gefallen. Seien Sie offen für das Unerwartete. Und seien Sie bereit, mit diesem Wissen zu leben, was es auch sei. Es gilt immer einen Preis zu zahlen, wenn man seinem Schicksal folgt.

DER WEG DES KRIEGERS

Oie Kelten nahmen die Kriegskunst sehr ernst. Knaben wurden einer strengen Ausbildung im Gebrauch von Schwert, Speer, Bogen und Dolch unterzogen. Sie entwickelten auch Methoden den Feind zu entmutigen, etwa CúChulainns berühmten Lachssprung. Keltische Krieger fürchteten den Tod nicht, denn sie glaubten, dass die Seele unsterblich sei. Kampf war eine magische Tat, ausgeführt in (manchmal durch Alkohol) verändertem Bewusstseinszustand. Mut, Ehre und Geschick gingen über alles: Wenn jemand seine Ehre beleidigte, bekämpfte ein Krieger seinen Herausforderer bis zum Tod. Lieber ehrenhaft sterben, denn als Feigling zu leben.

Das unsichtbare Schwert

Die besten Krieger müssen nicht kämpfen, allein ihr Ruf fordert Respekt. Verwenden Sie diese Übung, wenn Sie angegriffen werden.

1 Atmen Sie in Ihre Wirbelsäule — spüren Sie sie stark und gerade wie ein Schwert. Stellen Sie sich vor, wie sich das Schwert bewegt und vor Ihnen hängt. Atmen Sie in das Schwert, bis es glüht.

2 Mit diesem Bild in Ihrem Geist halten Sie ruhig und ohne Aggression stand.

DIE SUCHE

Für Arthurs Ritter zählen auf der Suche nach dem Gral Reinheit und Güte mehr als rohe Kraft. Die Suche spielt sich in ihren Seelen ab. Der Fischerkönig, der den Gral bewacht, hat eine schwere Wunde in der Leistengegend, die nicht heilt und die auch das Land brachliegen lässt. Die Ritter müssen das Geheimnis des Grals erfahren, um das Reich und den König zu heilen – sonst ist alles verloren.

So wie Lanzelot, Galahad, Parzival und ihre Kameraden beginnen auch wir eine persönliche Suche oft als Reaktion auf Unheil. Es ist, als ob das Leiden uns den Mut und die Vision gäbe, zu suchen, Risiken einzugehen und ein größeres, mutigeres Leben zu führen.

Seelensuche

Nehmen Sie sich Zeit, Ihr Leben zu überblicken, wägen Sie gut und böse ab. Feiern Sie Ihre Erfolge, denken Sie aber auch an das, was Sie seit Jahren tun wollen, aber noch nicht erreicht haben. Was ist es?

Sie haben immer noch Zeit, es zu tun. Nehmen Sie sich das Wichtigste davon vor, überlegen Sie, was der erste Schritt zum Erreichen Ihres Ziels sein kann.

Schreiben Sie ihn auf und schwören Sie bei Ihrer Ehre, ihn zu tun.

SPIRITUELLE VORREITER

Die Ritter von König Arthurs Tafelrunde spielen auf der Suche nach dem Gral die Rolle von spirituellen Abenteurern. Doch viele dieser tapferen und klugen Männer finden nicht, was sie suchen, weil ihr Stolz und Ehrgeiz zu groß sind. Der junge Parzival hingegen – sein Name bedeutet »pierce-the-veil« (»Durchdringe den Schleier«) – wurde von seiner verwitweten Mutter tief im Wald aufgezogen und hatte nie einen Ritter, ein Schwert oder ein Pferd gesehen. Er ist schlecht gekleidet, ungebildet und völlig bar jeder ritterlichen Lebensart. Doch seine Unschuld führt ihn auf einer geistigen Reise zum Gral, den so viele nicht fassen konnten. Als er aber den Gral sieht, vergisst er zu fragen: »Wem dient der Gral?«, jene geheimnisvolle Frage, die den Fischerkönig und das öde Land heilen würde. Als er erwacht, ist die Vision vorbei.

Wir alle erleben Momente, in denen wir die großen Wahrheiten der Existenz fühlen, dann aber werden wir wieder in unser Alltagsleben verstrickt und vergessen diese Strahlen der Weisheit. Der spirituelle Abenteurer erforscht den Grenzbereich zwischen Himmel und Erde, wo der Gral sich befindet. Man muss mitten in den Ablenkungen der lauten Welt ein ruhiges Herz entwickeln. Nur dann kann man hoffen, seine Hand auf den Gral zu legen.

Das Rätsel des Grals

Die Frage, die die Gralsritter stellen mussten, war: »Wem dient der Gral?« Die Antwort kann nicht nur aus dem Verstand kommen. Man muss auch für die leisen Botschaften der Intuition empfänglich sein.

Beginnen Sie mit der Frage: »Wem diene ich?« Vielleicht dienen Sie sich selbst, dann sollten Sie sich fragen, wer dieses »Selbst« ist.

Die Gralsfrage ist ein keltisches Rätsel höchster Ordnung, dessen Lösung ein Leben lang dauern kann.

SEEFAHRT

Oie Kelten am westlichen Ende Europas hatten eine starke Beziehung zum Meer. Sie glaubten, dass, wenn man die Segel nach Westen setze, man die »Insel der Seligen« erreiche, wo der Baum von Emain seine goldenen Äpfel trage. Die Geschichten dieser Seefahrten, die *Immrama*, können als Metaphern der Reise der Seele nach dem Tod zu den dunklen Inseln im Sonnenuntergang angesehen werden, wo unsere wahre Heimat liegt.

Die Spannung des Aufbruchs

Viele irische und schottische Kelten wurden von Hunger oder Landnot gezwungen, ihre Heimat zu verlassen und in die Neue Welt zu fahren. Für sie war das eine Art Tod – doch eigentlich wartete ein großes Abenteuer auf sie, und sie halfen Amerika zu gründen. Wenn Sie jemanden, den Sie lieben, verlassen müssen, kann das folgende Bild hilfreich sein:

Stellen Sie sich ein großes Schiff vor, das sich zu einer langen Fahrt bereitmacht, die rastlose Menge am Kai, die Passagiere an der Reling, die in einem Moment weinen, im nächsten lachen. Fragen Sie sich, ob Sie lieber zurückbleiben oder mitfahren wollten. Sobald die Entscheidung zur Reise gefallen ist und Sie alte Gewohnheiten aufgeben, wird der Aufbruch eine positive Erfahrung sein.

WEISE FRAUEN UND ZAUBERER

Weise Magier beiderlei Geschlechts spielen eine große Rolle im keltischen Mythos. Sie helfen den Helden, ihr Schicksal zu erfüllen, bilden sie aus, leiten und unterstützen sie. Am berühmtesten ist Merlin, das »Kind ohne Vater«, der das Rätsel der weißen und roten Drachen löst, die zwischen den walisischen Bergen kämpfen. Er erzählt König Vortigern, dass der rote Drache für die Briten steht, der weiße für die Sachsen – und dass die Briten am Ende siegen werden. Merlin ersinnt auch die Aufgabe des Schwertes im Stein und wird dann König Arthurs Berater. Scathach ist die Lehrerin und Seherin, die CúChulainn zum »besten Krieger des Westens« macht. Der irische Held kommt zu ihrer Festung auf der Insel Skye, die er durch Überqueren einer trügerisch schwankenden Brücke erreicht, dann muss er die gewaltige Scathach überwinden. Nachdem ihm dies gelungen ist, erklärt sie sich einverstanden, ihn alle Geheimnisse der keltischen Kriegskunst zu lehren. Bevor sie ihn entlässt, befragt sie ein Orakel und sagt seine Zukunft voraus: Sie sieht Blut, Schlachten und Siege vor ihm, ein Leben voll Liebe, das endet, wenn er 33 wird.

Der innere Berater

Wenn Sie von einer hilfreichen weisen Gestalt träumen, können Sie sie zu Ihrem inneren Berater machen, der Ihnen auch im wirklichen Leben helfen kann.

1 Um so einen Traum entstehen zu lassen, müssen Sie ein Bild Ihres inneren Beraters entwickeln. Geben Sie ihm einen Namen, stellen Sie sich sein Äußeres möglichst klar vor.

2 Wenn sich diese Person in Ihr Unbewusstes eingeprägt hat, können Sie sie hervorrufen, wenn Sie Rat brauchen, und mit ihr über Ihre Probleme sprechen. Schreiben Sie das Gespräch auf, damit Sie gut überlegen können, was es bedeuten soll. Sie werden von der so entstehenden Weisheit überrascht sein.

KÖNIGE UND KÖNIGINNEN

Der keltische Herrscher musste ein Meister der Wahrheit sein, hart zu den Bösen, gütig zu den Schwachen. Es war überlebenswichtig, dass die richtige Person die Krone trug, denn er oder sie war die Verbindung zu den übernatürlichen Kräften des Himmels und musste stark genug sein, von ihnen nicht gebrochen zu werden. Als Conaire zum Hochkönig ernannt wurde, hatte er in Tara, in Irland, eine Reihe ritueller Proben zu bestehen: Er musste einen Umhang anlegen, der nur dem wahren König passte, und einen Wagen lenken, gezogen von zwei gleichfarbigen Pferden, die noch nie eingespannt waren; da öffneten sich zwei Bodenplatten, um den Wagen durchzulassen, und Lia Fail, der Schicksalsstein, kreischte an seiner Achse.

Die Wahrheit in einem Herrscher

Die Wahrheit in einem Herrscher ist so strahlend wie die Gischt der mächtigen Welle, wie der Glanz des Schwans in der Sonne, wie der Schnee auf einem Berg. Eines Herrschers Wahrheit überwindet Heere. Sie bringt der Welt Milch, Getreide und Futter.

(ALTER IRISCHER TEXT)

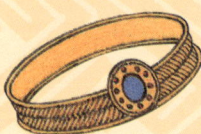

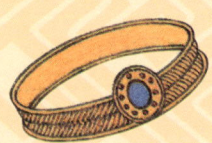

Die keltische Königin

Keltische Königinnen waren oft eigenständige, mächtige Frauen, nicht bloß Gemahlinnen von Königen. In East Anglia führte Boudicca ihr Heer in viele Schlachten gegen die Römer, nachdem diese sie gedemütigt und ihre Töchter vergewaltigt hatten – und siegte beinahe. Königin Cartimandua hingegen war eine schlaue Politikerin, die mit den Römern Frieden schloss und 40 Jahre lang in Nordengland regierte.

Die Elfenköniginnen der Balladen und Gedichte sind Herrscherinnen der Anderwelt, die Männer in ihr Reich locken, sie in sexuelle Geheimnisse einweihen und ihnen die Kräfte von Sehern und Zauberern geben. Das ist ein Aspekt der Königin als Göttin der Souveränität, die dem erwählten König die Macht gibt.

•••••••••••••

Innerer König und Königin

Die heilige Heirat von König und Königin ist die Verschmelzung der männlichen und weiblichen Seiten unserer Psyche, durch die wir erst zu dynamischen und vollständigen Menschen werden. Unsere häufigen Probleme, das andere Geschlecht zu verstehen, können unsere Kreativität einschränken und Unstimmigkeiten mit Partnern oder Geliebten verursachen. Versuchen Sie eine Woche lang Vertreter des anderen Geschlechts mit größter Aufmerksamkeit zu behandeln. Sie müssen keine Anstandsregeln befolgen, wenn Sie aber im rechten Geist handeln, werden Sie positive Veränderungen bemerken.

Weiser Gebrauch der Macht

Die Aspekte unserer Persönlichkeit, unsere verschiedenen »Ichs«, sind wie Untertanen eines Königreichs – ein »Ich« möchte dies, ein anderes das. Wenn Sie jemals versucht haben, das Rauchen aufzugeben, abzunehmen oder andere Gewohnheiten zu ändern, werden Sie das wissen. Der Trick besteht darin, die verschiedenen Teile unseres Selbst gerecht zu regieren, wie ein weiser König oder eine Königin. Dafür braucht man Überblick.

1 Begeben Sie sich auf eine Anhöhe – am besten mit Blick über das Land. Die Höhenlage gibt Ihnen ein erhabenes Gefühl Ihrer selbst und beruhigt Ihren Geist, während Sie die Harmonie der Natur betrachten.

2 Blicken Sie so objektiv wie möglich auf Ihr Leben. Was sind die unbeherrschten Teile Ihres Selbst – wie können sie ohne Zwang kontrolliert werden? Was sind Ihre Stärken, wie können Sie sie besser nutzen? Könnte die Energie der unbeherrschten »Ichs« für Kreatives eingespannt werden? Ihr innerer König wird Wege dafür finden.

3 Beim Abstieg sollten Sie dann überlegen, wie Sie die gewonnenen Einsichten anwenden können.

HEILIGE UND ENGEL

Keltische Heilige sind besonders kühne und abenteuerlustige Charaktere, deren Wunderkräfte stark an die Magie der Druiden erinnern. Sankt Columban von Iona war ein außerordentlicher Heiliger mit der Gabe der Weissagung und enger Beziehung zu Engeln. Nach der Legende kam ein Engel vor seiner Geburt zu seiner Mutter, um ihr zu verkünden, dass sie ein besonderes Kind in sich trage, und als er aufwuchs, soll er überall von einem Engel begleitet worden sein.

Die Heilige Brigit von Kildare, die in Irland noch immer als »Maria der Gälen« hoch verehrt wird, besaß ebenfalls ungewöhnliche Kräfte: Als junge Frau drängten sie ihre Stiefbrüder zu heiraten, daher schlug sie sich eines ihrer Augen aus, um den potenziellen Freier abzuschrecken. Als ihre Familie aber beschloss ihr zu erlauben, Jungfrau zu bleiben, konnte sie wunderbarerweise ihr Augenlicht wieder herstellen.

Weil die alten Kelten Kühnheit und Zauberei bewunderten, neigen die Heiligenlegenden vermutlich dazu, diese Eigenschaften mehr zu betonen als Demut und Frömmigkeit.

Sei mein Licht, führe mich:
Es gibt eine starke keltische Tradition, Heilige in Zeiten der Not oder schrecklichen Leids um Hilfe anzurufen, und viele Leute haben einen bestimmten Heiligen, den sie lieben und dem sie vertrauen.

Wenn Ihnen dieser Gedanke zusagt, lesen Sie über das Leben der keltischen Heiligen. Fühlen Sie sich zu einem von ihnen besonders hingezogen? Suchen Sie Trost bei diesem Heiligen, der Ihr Tun beobachtet. Rufen Sie seinen Namen in Gebeten für Ihre Liebsten etwa so an:

Die Kutte Columbans sei über dir,
Die Kutte Michaels kämpfe über dir,
Christi Kutte, Geliebter, schütze dich,
Die Kutte des Gottes der Gnade schütze
  dich.

(AUS DEN *Carmina Gadelica*)

REGISTER